債権法改正対応

不動産賃貸借契約の実務Q&A

シティユーワ法律事務所 編

商事法務

● はしがき ●

　2017（平成29）年5月26日、国会で「民法の一部を改正する法律」が成立し、同年6月2日に公布され（平成29年法律第44号）、2020年4月1日に施行されることになっています。今回の改正は、1896（明治29）年に制定された民法（明治29年法律第89号）のうち債権関係の規定を全般的に見直すものであり、民法の制定後、初めての大改正になります。

　民法は、私法の基本法であり、取引社会の全般を規律する役割を担っています。賃貸借取引もその例外ではなく、賃貸借の成立、存続中の法律関係、当事者の地位の移転、終了のいずれの局面でも、民法がその法律関係の礎になっています。また、賃貸借に保証が付される場合については、民法中の保証に関する規定（今回の改正で保証人保護の観点から保証制度に大幅な改正がなされました。）が適用されることになりますし、定義や法律関係が条文上規定されていなかった敷金については、今回の改正で民法に明文の規定が置かれることになりました。これだけでも今回の改正が賃貸借取引に大きな影響を及ぼすことがご理解頂けるのではないかと思います。今回の改正を巡る法制審議会や国会における審議では、賃貸借取引への影響に焦点が当てられていたわけでは必ずしもありませんが、改正による影響の大きさについては注目されています。

　本書の執筆者が所属するシティユーワ法律事務所は、設立以来、賃貸借取引を含めた不動産取引を主要な取扱分野とし、多数の紛争・訴訟案件を取り扱い、その解決に寄与して参りました。同様に不動産の証券化やファンドによる不動産投資といった分野でも多岐に渡る実績を重ねています。

　本書は、簡潔で分かりやすいものとなるように、Q&A形式をとりました。その上で、賃貸借取引に関連する改正事項を網羅的に取り上げ

て説明すると共に、執筆者の実務経験を踏まえ、想定される実務への影響を多角的に検討しています。また、末尾では、今回の民法改正を受けた賃貸借契約の書式の見直しにあたり参考にして頂けるよう、賃貸借契約の書式の見直し案を準備しました。

　株式会社商事法務・書籍出版部の岩佐智樹、水石曜一郎、下稲葉かすみの各氏には、本書の企画から刊行に至るまで、国会の審議状況等を見据えながらの難しい状況下で、的確にお導き頂いたことに深謝申し上げます。本書が、賃貸借取引に係る実務家の皆様や、今回の民法改正による賃貸借取引への影響に関心をお寄せの皆様に広く参照され、お役に立つものとなれば、まことに幸いです。

　2018年3月

　　　　　　　　　　　　　執筆者を代表して
　　　　　　　　　　　　　シティユーワ法律事務所パートナー
　　　　　　　　　　　　　（2017年度第一東京弁護士会会長）
　　　　　　　　　　　　　　　　　　弁護士　澤野　正明

● 目　次 ●

I　債権法改正と賃貸借取引 …………………………………………………… 1
　Q 1　債権法改正の目的・2
　Q 2　改正の対象・4
　Q 3　改正法の施行日と経過措置・7
　Q 4　借地借家法のルールへの影響・9

II　賃貸借契約の締結時の実務への影響 ……………………………………… 11

1　契約の成立 ……………………………………………………………… 12
　Q 5　賃貸借契約の締結時の実務への影響・12
　Q 6　意思能力・15
　Q 7　契約自由の原則・18
　Q 8　短期賃貸借・21

2　動機の錯誤 ……………………………………………………………… 23
　Q 9　錯誤・23

3　代理 ……………………………………………………………………… 25
　Q10　代理・25

4　連帯保証――締結時の情報提供、個人根保証の極度額の定めを含めて ………………………………………………………………… 30
　Q11　保証に関する改正・30
　Q12　保証総論・35
　Q13　極度額の定め・39
　Q14　契約締結時の情報提供・42
　Q15　法人による保証・48

5　連帯債務その他の多数当事者の債権債務 ………………………… 52
　Q16　連帯債務・52
　Q17　不可分債権ほか・57

6　定型約款 ………………………………………………………………… 61
　Q18　定型約款①・61
　Q19　定型約款②・65
　Q20　定型約款③・71

7　民法のルールと異なる特約に伴う留意事項 ... 75
　Q21　任意規定と異なる特約・75

Ⅲ　賃貸借契約の主な条項への影響 ... 79
1　賃料に係る条項――一部滅失による減額請求を含めて ... 80
　Q22　賃借物の一部が滅失した場合の賃料の取扱い・80
　Q23　賃借人の帰責事由により賃借物の一部が滅失した場合の取扱い・84
2　敷金に係る条項 ... 87
　Q24　敷金に係る条項①・87
　Q25　敷金に係る条項②・92
　Q26　敷金に係る条項③・94
3　存続期間に係る条項 ... 97
　Q27　存続期間・97
4　修繕に係る条項 ... 100
　Q28　賃貸人の修繕義務・100
　Q29　賃借人の修繕権限・103

Ⅳ　賃貸借契約の期間中の実務への影響 ... 109
1　連帯保証――債務履行状況、失期時の情報提供、元本確定事由を含めて ... 110
　Q30　契約期間中の保証人への情報提供・110
　Q31　根保証契約の元本確定・117
　Q32　賃借人・保証人の死亡と根保証・121
　Q33　賃借人の自殺と保証・125
　Q34　執行・倒産手続の開始と保証・133
　Q35　賃貸借契約の改定・更新・136
　Q36　保証債務の履行請求・140
　Q37　賃貸不動産の譲渡と保証契約・144
2　相殺 ... 147
　Q38　相殺・147
3　賃料の増減額請求――消滅時効や法定利率の見直しの影響を含めて ... 151
　Q39　賃料増減額請求・151
　Q40　未払賃料の請求・賃料増減額請求と消滅時効、法定利率・153

4 賃貸人の地位と敷金返還債務の移転に係るルール……157
- Q41 賃貸人の地位の移転・157
- Q42 賃貸人の地位の移転と前所有者への賃料支払い・162
- Q43 賃貸人の地位の移転と敷金・171
- Q44 賃貸人の地位の移転と費用償還請求権・174

5 妨害停止等請求権……178
- Q45 妨害停止等請求権・178

V 賃貸借契約の終了時の実務への影響……183

1 解除の要件と効果——信頼関係破壊の法理への影響を含めて……184
- Q46 賃貸借契約の解除の要件・184
- Q47 信頼関係破壊の法理・188
- Q48 賃貸借契約解除の効果・191

2 全部滅失等……192
- Q49 賃借物の全部滅失等・192

3 原状回復と敷金の返還——通常損耗や経年変化の扱いを含めて……194
- Q50 賃借人の収去権、収去義務・194
- Q51 原状回復における通常損耗、経年変化・196
- Q52 原状回復義務に関する特約の有効性、敷金の返還・197

4 債権回収の局面における影響——損害賠償のルールを含めて……201
- Q53 債務不履行による損害賠償ルール（帰責事由・因果関係）・201
- Q54 過失相殺・損害賠償額の予定・204
- Q55 賃貸借契約に関する債権回収・208

VI 現代型取引の実務への影響……213

1 マスターリース契約とサブリース契約……214
- Q56 マスターレッシーの役割・214
- Q57 新規組成案件とテナント承諾・218
- Q58 改正後605条の2第2項とさらなる不動産譲渡の規律・221
- Q59 マスターレッシーの交代とテナント承諾・224
- Q60 契約上の地位の移転の明文化とテナント承諾への影響・227

Q61　サブリース契約ドラフティング上の注意事項・230
2　債権譲渡 234
　Q62　債権譲渡①・234
　Q63　債権譲渡②・238
3　存続期間と再生可能エネルギー発電事業 240
　Q64　存続期間と再生可能エネルギー発電事業・240

Ⅶ　改正後民法下の賃貸借契約の標準書式 243
　建物賃貸借契約の書式の見直し案・244

事項索引・257
編者・編著者・著者紹介・261

●凡　例●

[法令等]

改正法	民法の一部を改正する法律（平成29年法律第44号）
附則	改正法附則
整備法	民法の一部を改正する法律の施行に伴う関係法律の整備等に関する法律（平成29年法律第45号）
民法	改正法による改正のない民法の規定および、改正に関係なく規定を示す場合
改正前○条、改正前民法	改正法による改正前の民法の規定
改正後○条、改正後民法	改正法による改正後の民法の規定
借地借家法	整備法による改正後の借地借家法
消費者契約法	平成28年改正後の消費者契約法
商法	整備法による改正前の商法

[判例集]

民録	大審院民事判決録
大民集	大審院民事判例集
民集	最高裁判所民事判例集
集民	最高裁判所裁判集民事
下民集	下級裁判所民事裁判例集
判時	判例時報

[文献]

一問一答	筒井健夫＝村松秀樹編著『一問一答　民法（債権関係）改正』（商事法務、2018年）

I

債権法改正と賃貸借取引

Q1　債権法改正の目的

どうして民法のうち債権関係の規定（債権法）が改正されたのでしょうか。

A　民法の制定後、一世紀余りが経過したことを踏まえ、その後の社会経済情勢の変化への対応を図るとともに、国民一般に分かりやすいものとするため、改正されることになりました。

　民法のうち財産法に関する部分は、1896（明治29）年に公布され、1898（明治31）年に施行されました。その後、部分的な改正はあったものの、債権関係の規定（いわゆる債権法）については、実質的に大きな改正がないまま、一世紀余りが経過しました。その間、社会経済情勢は大きく変化し、また、民法の条文からは必ずしも読み取れない判例法理が形成され、学説や実務の進展もめざましいものがありました。

　こうした事情を背景に徐々に改正の機運が高まり、2006（平成18）年には有力な学者等による「民法（債権法）改正検討委員会」が組織され、2009（平成21）年4月に同委員会から「債権法改正の基本方針」が公表されました。その後、法務大臣の諮問を受け、法制審議会民法（債権関係）部会が設置され、同部会で2009（平成21）年11月から2015（平成27）年2月まで5年以上の年月をかけて審議が重ねられ、2度のパブリック・コメントも経て、2015（平成27）年3月に法制審議会の要綱が取りまとめられました。同要綱に基づいて「民法の一部を改正する法律案」および「民法の一部を改正する法律の施行に伴う関係法律の整備等に関する法律案」が国会に提出され、今般、2017（平成29）年5月26日に成立に至ったものです（前者について平成29年法律第44号、後者について平成29年法律第45号）。

　「民法の一部を改正する法律案」の提出理由には、社会経済情勢の変化への対応との関係で、「消滅時効の期間の統一化等の時効に関する

規定の整備、法定利率を変動させる規定の新設、保証人の保護を図るための保証債務に関する規定の整備、定型約款に関する規定の新設」が示されています。いずれも賃貸借にかかわりのある規定であり、特に保証人の保護を図るための保証債務に関する規定は、賃貸借実務への影響が大きいと考えられます（**Q30**〜**Q37**を参照してください）。

　国民一般への分かりやすさを図るための規定としては、賃貸借との関係では、敷金の規律の明文化（**Q24**〜**Q26**）、原状回復義務の範囲の明文化（**Q51**、**Q52**）、賃貸人の地位の移転に関する規律の整理（**Q41**〜**Q44**）が典型的なものです。こうした規律が民法に規定されることにより、今後の賃貸借実務では、従来より民法の規定を参照する機会が多くなっていくものと考えられます。

Q2　改正の対象

今回の改正で、どのような規定が改正の対象となったのでしょうか。

A　今回の改正では、民法の債権関係の規定（いわゆる債権法）のうち、主に契約に関する規定が改正の対象となりました。賃貸借契約との関係では、典型契約としての賃貸借の規定（民法601条以下）が全般に改正の対象となったほか、賃貸借に適用され得る民法の規定の多くが改正の対象となりました。

1. 改正の対象

今回の改正では、民法の債権関係の規定（いわゆる債権法）のうち、主に契約に関する規定が改正の対象となりました。債権関係の規定としては、契約に関する規定以外に事務管理、不当利得および不法行為の規定もありますが、今回の改正では、派生的、技術的な改正がなされているに留まっています。

他方、民法の総則のうち、法律行為（錯誤などの意思表示、代理、無効・取消し、条件・期限）、期間の計算、消滅時効といった規定は、それ自体は債権関係のみに適用される規定ではないものの、契約にかかわりが深いことから、今回の改正の対象になっています。

民法の規定のうち改正の対象となった規定の概略は、次の表を参照してください。

［改正対象の規定の概略］

第1編　総則
第1章　通則
第2章　人
第3章　法人

第4章　物
第5章　法律行為
　　第1節　総則（第90条-第92条）
　　第2節　意思表示（第93条-第98条の2）
　　第3節　代理（第99条-第118条）
　　第4節　無効及び取消し（第119条-第126条）
　　第5節　条件及び期限（第127条-第137条）
第6章　期間の計算（第138条-第143条）
第7章　時効
　　第1節　総則（第144条-第161条）
　　第2節　取得時効
　　第3節　消滅時効（第166条-第174条の2）
第2編　物権
　第1章　総則／第2章　占有権／第3章　所有権／第4章　地上権
　第5章　永小作権／第6章　地役権／第7章　留置権／第8章　先取特権
　第9章　質権／第10章　抵当権
第3編　債権
　第1章　総則
　　第1節　債権の目的（第399条-第411条）
　　第2節　債権の効力
　　　第1款　債務不履行の責任等（第412条-第422条）
　　　第2款　債権者代位権及び詐害行為取消権（第423条-第426条）
　　第3節　多数当事者の債権及び債務
　　　第1款　総則（第427条）
　　　第2款　不可分債権及び不可分債務（第428条-第431条）
　　　第3款　連帯債務（第432条-第445条）
　　　第4款　保証債務（第446条-第465条の5）
　　第4節　債権の譲渡（第466条-第473条）
　　第5節　債権の消滅
　　　第1款　弁済（第474条-第504条）
　　　第2款　相殺（第505条-第512条）
　　　第3款　更改（第513条-第518条）
　　　第4款　免除（第519条）
　　　第5款　混同（第520条）
　第2章　契約
　　第1節　総則
　　　第1款　契約の成立（第521条-第532条）
　　　第2款　契約の効力（第533条-第539条）
　　　第3款　契約の解除（第540条-第548条）
　　第2節　贈与（第549条-第554条）
　　第3節　売買（第555条-第585条）
　　第4節　交換（第586条）
　　第5節　消費貸借（第587条-第592条）
　　第6節　使用貸借（第593条-第600条）
　　第7節　賃貸借（第601条-第622条）
　　第8節　雇用（第623条-第631条）

```
第9節  請負（第632条-第642条）
第10節 委任（第643条-第656条）
第11節 寄託（第657条-第666条）
第12節 組合（第667条-第688条）
第13節 終身定期金（第689条-第694条）
第14節 和解（第695条・第696条）
  第3章 事務管理
  第4章 不当利得
  第5章 不法行為
第4編 親族
第5編 相続
```

（注）
・改正の対象となった主な規定（条文番号は、改正前民法のもの）に網掛けをしている。
・網掛けをしていない場合でも、派生的、技術的な改正がなされている場合がある。

2．賃貸借契約との関係

　賃貸借契約との関係では、典型契約としての賃貸借の規定（民法601条以下）が全般に改正の対象となっており、その見直しが賃貸借実務にどのように影響するか留意する必要があります。また、賃貸借の規定以外にも、賃貸借に適用され得る民法の規定の多くが改正の対象になっており、そうした改正の中には、保証人の保護を図るための保証債務に関する規定のように、賃貸借実務に大きな影響を与える可能性のあるものも含まれています。そのため、そうした改正の賃貸借実務への影響についても、同様に検討しておく必要があると考えられます。

　そこで、本書では、今回の改正が賃貸借取引の実務にどのように影響するか、（賃貸借の規定だけでなく）関連する民法の規定を横断的に取り上げ、解説することとしています。

Q3　改正法の施行日と経過措置

今回の改正は、いつ施行されるのでしょうか。締結済みの賃貸借契約には影響がありますか。

A　今回の改正は、ごく一部の例外を除いて2020年4月1日から施行されることになります。
　今回の改正は、施行日前に締結済みの賃貸借契約には基本的に影響がなく、施行日以後に締結される賃貸借契約に限り適用されることになります。

1．改正法の施行時期

今回の改正は、原則として2020年4月1日から施行されることになります。

例外となるのは、定型約款の規定の経過措置（附則33条3項）と公証人による保証意思の確認手続（附則21条2項・3項）になりますが、いずれも賃貸借との関係で適用される場合は少ないと考えられます。

2．締結済みの賃貸借契約への影響

今回の改正は、施行日前に締結済みの賃貸借契約には基本的に影響なく、施行日以後に締結される賃貸借契約に限り適用されることになります（附則34条1項）。また、施行日前に締結された賃貸借契約について、当事者の意思に基づくものでない法定更新（例えば、借地借家法26条）があった場合でも、更新後の賃貸借契約には改正前の規定が適用されると考えられています（『一問一答』383頁）。これに対して、施行日前に締結された賃貸借契約について、施行日以後に再契約がなさ

れた場合には、改正後の規定が適用されます。施行日後に当事者の合意による更新がなされた場合も同様と考えられており、立案担当者によれば、民法619条1項の更新がなされる場合には黙示の合意があり、いわゆる自動更新条項が適用される場合にも不作為による更新の合意があったと評価することができると考えられています（『一問一答』383～384頁）。

なお、一部のルール（改正後604条2項、改正後605条の4）については、施行日前に締結された賃貸借契約にも適用される場合があります（改正後604条2項について**Q27**、改正後605条の4について**Q45**を参照してください。）。

このように、今回の改正は、締結済みの賃貸借契約には直ちには影響がないということになります。

［施行日前に締結済みの賃貸借契約への適用］

原則	改正前の規定
施行日以後の法定更新 （当事者の意思に基づかないもの）	同上
施行日以後の合意更新	改正後の規定
施行日以後の再契約	同上

Q4　借地借家法のルールへの影響

借地借家法のルールに影響はあるのでしょうか。

A　借地借家法のルールは、今回の改正による直接の影響を受けません。

　借地借家法については、担保責任のルールの見直しに伴う技術的な改正（借地借家法10条3項・4項、31条2項・3項の削除）を除き、実質的な改正の対象になっていません（整備法）。今回の改正は、民事の基本法である民法のルールを現代社会に合わせて見直すものであって、社会的な政策目的を実現するための特別法である借地借家法に定めるルールを見直すことは企図されていませんでした。

　したがって、借地借家法のルールは、今回の改正による直接の影響を受けないといえます。もっとも、今回の改正や法制審議会民法（債権関係）部会における議論が、間接的な形で借地借家法の解釈に影響する可能性はありますので、注視していく必要はあると考えられます。

Ⅱ

賃貸借契約の締結時の実務への影響

1 契約の成立

Q5 賃貸借契約の締結時の実務への影響

契約の成立に関するルールの見直しに伴い、賃貸借契約の締結手続との関係でどのような点に留意する必要がありますか。

A 今回の改正により、隔地者間の契約の成立時期、申込者の死亡等のルールが見直されましたが、一般的な賃貸借契約の締結手続において、通常、これらの点が問題になることはなく、実務上、特段の影響はないと考えられます。

1. 改正の概要

(1) 契約の成立

一般に、契約が成立するためには、申込みと承諾の意思表示が一致しなければならないと解されています。この点に関し、改正前民法に明文の規定はありませんでしたが、今回の改正により、契約の内容を示してその締結を申し入れる意思表示(申込み)に対して相手方が承諾したときに契約が成立すると明示的に規定されました(改正後522条1項)。併せて、契約の成立には、法令に特別の定めがある場合を除き、書面の作成その他の方式を具備することを要しない旨の規定が置かれました(同条2項)。従来の一般的な理解を明文化するものといえます。

(2) 隔地者間における契約の成立時期

改正前民法は、隔地者間(意思表示が即時に到達する場合が「対話者」

であり、そうでない場合が「隔地者」と解されています。）における契約の成立時期に関して特別な定めを設けていましたが、今回の改正でこれらの定めが整理されました。

すなわち、改正前民法は、隔地者間の契約は、相手方が承諾の通知を発した時に成立するとしていました（改正前526条1項）。いわゆる発信主義と呼ばれる規律であり、隔地者間の意思表示が到達時に効力を生ずるという、いわゆる到達主義（改正前97条1項）の例外とされていました。

しかし、現代における通信手段の発達を踏まえると、この場合に到達主義の例外として発信主義を維持する必要性が乏しいことから、今回の改正により、承諾の意思表示についても到達主義が採用されました（改正前526条1項の削除）。その結果、契約は（隔地者間であっても）承諾の意思表示が申込者に到達した時に成立することとなりました。なお、意思表示の到達に関しては、今回の改正により、相手方が正当な理由なく意思表示の通知が到達することを妨げたときは、その通知は、通常到達すべきであった時に到達したものとみなす旨が新たに規定されています（改正後97条2項）。

(3) 申込者の死亡等

申込みの通知を発した後、申込者が、死亡した場合、意思能力を有しない常況にある者となった場合、または行為能力の制限が生じた場合であっても、申込みは引き続き効力を有することが原則です（改正前97条2項、改正後97条3項）。その例外として、①申込者がその事実が生じたとすればその申込みは効力を有しない旨の意思を表示していたとき、または、②相手方が「承諾の通知を発するまでに」その事実が生じたことを知ったときは効力を有しない旨が規定されました（改正後526条）。「意思能力を有しない常況にある者」とは、一時的に酩酊状態になった場合など一時的な意思能力の喪失状態を排除する趣旨とされています。

Q5 賃貸借契約の締結時の実務への影響

2. 賃貸借契約の締結手続における留意点

　一般的な賃貸借契約の締結手続において、今回の改正における変更点(隔地者間の契約の成立時期、申込者の死亡等)が争点となることは基本的に想定されず、実務上、特段の影響はないと考えられます。

Q6　意思能力

今回新たに規定された、意思能力について教えてください。

A　意思能力は、契約の申込みや承諾等の法律行為を有効に行うための要件です。意思能力は、改正前民法下でも、明文の規定はないものの、判例および学説において認められていた概念であり、今回の改正により、意思能力に関するルールが明文化されています。

1．意思能力とは

　申込みや承諾といった法律行為が有効とされるには、法律行為の当事者がその法律行為を行った結果（法律行為に基づく権利義務の変動）を理解するに足る精神能力を備えていることが必要とされており、この精神能力のことを「意思能力」といいます。意思能力が欠けた状態でされた法律行為は効力を有しないこと（無効）になります。

　なお、意思能力の具体的な意義については、学説上いくつかの考え方がありますが、今回の改正では、その点は引き続き解釈に委ねられることになりました。

　民法上、意思能力とは別に「行為能力」という概念があります。行為能力とは、法律行為を自分一人で確定的に有効に行うことのできる資格をいい、この資格が制限されることがある者を制限行為能力者といいます。行為能力に関する制度は、意思能力を欠くおそれがあるか、意思能力はあるものの知的能力が十分とはいえない者（未成年者、成年被後見人、被保佐人、被補助人）を対象としており、判断能力が低下した者を保護する機能があり、また、有効に法律行為をするための能力であるという点で意思能力と類似します。もっとも、意思能力と行為能力には、次の表に示すような相違があります。

[意思能力と行為能力の主な相違点]

	法律行為の効力への影響	保護を受けるための制度的な要件	無効主張/取消しの期間
意思能力	意思能力が欠けた状態で行われた法律行為は無効となる	特になし	期間の限定を受けない
行為能力	行為能力の制限に反して行われた法律行為は取消可能となる	未成年者以外については、家庭裁判所の審判を受ける必要あり	取消対象の行為を追認できる時から5年間取消権を行使しないとき、または行為の時から20年を経過すると取り消すことができなくなる

2. 改正の趣旨・内容

　法律行為を有効に行うために、意思能力が必要とされることについては、判例・学説上、争いはなかったものの、改正前民法には、意思能力に関する一般的な規定がありませんでした。

　近時、高齢化社会の進展に伴って、判断能力が低下した高齢者が関与する取引について、トラブルが増加しているとされています。前記1.で説明したとおり、判断能力が低下した者を保護する制度としては、制限行為能力者制度がありますが、判断能力が低下した者のすべてに制限行為能力者制度を利用させることは必ずしも現実的ではありません。そのため、判断能力の低下した者が直面するトラブルに対応するためには、意思能力に関するルールを活用していくことが有用といえます。そこで、意思能力を欠いた状態でなされた法律行為が無効となることを示す、改正後3条の2が設けられたものです。

3. 意思能力の有無の判断方法

　意思能力があるとされるために必要な知力の程度は、おおよそ7歳

から10歳程度の者の知力とされています。もっとも、これは一応の基準に過ぎず、意思能力の有無は行為の重大性や複雑性等の個別具体的な事情を踏まえて判断されると考えられます。

4．賃貸借実務への影響

解釈上認められていた概念の明文化であるため、賃貸借実務への影響は限定的なものに留まると考えられます。

Q7　契約自由の原則

今回新たに規定された契約自由の原則について教えてください。

A　契約自由の原則には、①契約を締結しまたは締結しない自由（契約締結の自由）、②契約の相手方を選択する自由（相手方選択の自由）、③契約締結の方式の自由（方式の自由）および④契約の内容を決定する自由（内容決定の自由）が含まれます。契約自由の原則は、改正前民法下でも、明文の規定はないものの、判例・学説上認められていた原則であり、今回の改正は、この原則を明文化するものといえます。

1. 改正の趣旨・内容

(1) 契約締結の自由について

契約締結の自由とは、契約を締結しまたは締結しない自由のことをいいます。契約締結の自由が認められているため、契約の締結を強制されたり、契約を締結しないことを理由に責任を負わされたりすることは原則としてありません。改正後521条1項は、このような契約締結の自由が認められることを明らかにしています。

もっとも、法令上、当事者が契約の締結を拒否することができない場合があり（例：道路運送法13条、鉄道営業法6条、ガス事業法47条、水道法15条、電気事業法17条など）、また、契約締結を強制されるわけではないものの、契約締結を不当に拒絶した場合には、拒絶した側に損害賠償責任が発生する場合があるなど、契約締結の自由が一定の制約を受ける場合もあります。改正後521条1項も「法令に特別の定めがある場合を除き」という形で、例外の存在を示しています。

賃貸借契約に関しては、申込みに対する承諾義務を直接に課すもの

ではなく、契約自由の原則に対する例外とまではいえないものの、借地契約の更新請求権（借地借家法5条1項）、借地権者および第三者の建物買取請求権（同法13条、14条）および建物の賃借人の造作買取請求権（同法33条）など、相手方の承諾の有無を問わずに契約を成立させる法令上の定めにより、契約締結の自由が制限される場合があります。

また、人種や国籍等を理由とする賃貸借契約の締結の拒絶については、賃貸人側に損害賠償責任が生じる場合もあることに留意する必要があります。

(2) 相手方選択の自由について

相手方選択の自由とは、契約の相手方を選択する自由をいいます。相手方選択の自由については、特定の相手方との間で「契約をするかどうかを自由に決定すること」と評価することができ、契約締結自由の原則を規定する改正後521条1項において、包摂して規定されているといえます。

相手方選択の自由についても、法令に特別の定めがある場合には、制約を受けることとなります。

(3) 方式の自由について

方式の自由とは、契約は申込みと承諾の合致があれば成立し、その申込みと承諾の方式は当事者が自由に決定できることをいいます。方式の自由が認められているため、原則として、契約締結に際して、書面によることなど一定の方式によることは必要とされません。改正後522条2項は、このような方式の自由が認められることを明らかにしています。

もっとも、法令上、一定の方式よって契約を締結することが求められる場合があり、改正後522条2項にも「法令に特別の定めがある場合を除き」という留保が付されています。

賃貸借契約に関しては、定期借地契約を締結する場合（借地借家法

22条、23条3項)、定期建物賃貸借契約を締結する場合(同法38条1項)や、取壊し予定の建物の賃貸借契約を締結する場合(同法39条2項)、また、賃貸借契約に伴い保証契約を締結する場合(民法446条2項)については、当該契約の性質に応じて法令上要求される書面性を満たす形で契約を締結する必要があります。

(4) 内容決定の自由について

内容決定の自由とは、契約の内容は、当事者が自由に決定することができるという原則をいい、改正後521条2項は、内容決定の自由を明らかにしています。

もっとも、どのような契約内容であっても自由に定めることができるわけではなく、強行規定や公序良俗に反する契約内容を定めた場合、これらに反する部分の契約内容が無効とされる場合や、契約全体が無効になる場合があります。

改正後521条2項の「法令の制限内において」という文言は、契約内容を自由に決定することが許されない場合があり得ることを示しています。

借地借家法に定められる諸規定のうち、一部は強行規定であり(借地借家法9条、16条、21条、30条、37条参照)、これに反する特約は無効となりますので、賃貸借契約に関しては、特に借地借家法の規定に注意を払う必要があります。また、賃貸借契約に関する一部の特約事項については、無効になる可能性があることに留意が必要です(**Q21**を参照してください。)。

▼ 2. 賃貸借実務への影響

従前から認められていた原則を明文化するものであるため、今回の改正による賃貸借実務への影響は限定的なものに留まると考えられます。

Q8 短期賃貸借

今回の改正で短期賃貸借に関するルールはどう変わりますか。賃貸借の実務への影響を教えてください。

A 今回の改正は、条文の適用関係を明らかにするためのものであり、短期賃貸借に関する従前のルールが実質的に変更されることはありません。したがって、今回の改正による賃貸借実務への影響は限定的なものに留まると考えられます。

1. 改正の趣旨・内容

(1) 短期賃貸借に関するルールの明確化

制限行為能力者（未成年者、成年被後見人、被保佐人および被補助人）については、賃貸借契約を締結する権利が制限されています。

具体的には、未成年者と成年被後見人が締結する賃貸借契約については、契約期間の長短を問わず、取り消し得る行為として扱われるため（民法5条2項、9条）、これらの者については、単独で有効な賃貸借契約を締結することができません。また、被保佐人については、一定の期間を超える賃貸借契約については、保佐人の同意を得なければ単独で有効に締結することができないとされており（民法13条1項9号）、被補助人についても、家庭裁判所の審判を受けた場合には、同様に、単独で有効に締結できる賃貸借契約の期間が制限される場合があります（民法17条1項）。

このように、制限行為能力者による賃貸借契約の締結の可否については、制限行為能力に関する規定により定められていますが、改正前602条では、重ねて、「処分につき行為能力の制限を受けた者」（制限行為能力者）が賃貸借契約を締結する場合には、一定の期間を超えて賃

貸借契約を結ぶことができない旨を定めていました。

もっとも、上記のような制限行為能力に関する規定が存在する以上、改正前602条が独立して規定される意義は乏しいと評価されていました。また、かえって、改正前602条の定めが存在することにより、未成年者や被成年後見人であっても、同条各号に定める期間内であれば、単独で有効に契約を結ぶことができるなどの誤解を生じさせるおそれがあると指摘されていました。

そこで、改正後602条前段では「処分につき行為能力の制限を受けた者」という文言が削除され、制限行為能力者が締結する賃貸借契約については、制限行為能力に関する規定で処理することが明らかにされました。

(2) 民法の定めるルールに反した場合の賃貸借契約の内容

改正前602条に定める期間を超える賃貸借契約を締結した場合の契約の効力については、改正前民法の規定する期間を超えた部分に限り、効力が否定されるとする説（一部否定説）が有力に主張されていました。

今回の改正では、長期に及ぶ賃貸借により当事者に対する拘束が大きくなるのを防ぐという同条の趣旨を踏まえ、一部否定説の立場に従って、賃貸借契約の期間が制限されることが明確にされました（改正後602条後段）。

2．賃貸借実務への影響

上記改正点のいずれも、従来の通説的理解を明文化したものですので、改正による賃貸借実務への影響は限定的なものに留まると考えられます。

2 動機の錯誤

Q9 錯誤

今回の改正で錯誤に関するルールはどう変わりますか。賃貸借の実務への影響を教えてください。

A 錯誤については、改正前民法において、裁判例などで認められていたルールが明文化されましたが、賃貸借の実務への影響は小さいと考えられます。

1. 改正の趣旨・内容

(1) 錯誤の効果

改正前民法では、意思表示に要素の錯誤があったときには、当該意思表示は「無効」になるとされていました（改正前95条本文）。これに対し、改正後民法では、錯誤は無効事由ではなく、取消事由になると規定されます（改正後95条1項）。

(2) 取消しが認められる重要な錯誤

改正前民法では、錯誤無効が認められるためには、当該錯誤が「要素の錯誤」である必要があるとされていました。これに対し、改正後民法では、錯誤による取消しが認められるためには、当該錯誤が「法律行為の目的及び取引上の社会通念に照らして重要なものであるとき」に限られると規定されています。

これは、要素性に関する従来の学説や判例の判断枠組みをわかりやすい言葉で言い換えたものであり、実質的な変更を意図したものでは

ないとされています。

(3) 動機の錯誤の明文化

　改正前民法では、明文の規定はないものの、意思表示に至る動機に錯誤がある場合にも、当該動機が相手方に表示されて契約内容化されている場合には、当該意思表示は無効になると解されていました。改正後民法では、この動機の錯誤を明文化しました（改正後95条1項2号・2項）。
　改正後民法における動機の錯誤の要件は、改正前民法における学説や判例の要件をわかりやすく明文化したものと考えられます。

(4) 表意者に重過失がある場合

　改正前民法でも、改正後民法でも、表意者に重過失がある場合には、錯誤無効または錯誤取消しの主張をすることはできないと規定されています。加えて改正後民法では、そのような場合であっても、相手方が表意者の錯誤について悪意または重過失であった場合や相手方も共通の錯誤に陥っていた場合には、例外的に錯誤取消しを主張できると規定しています（改正後95条3項）。これは、改正前民法でも認められていた考え方を明文化したものです。

(5) 第三者保護

　改正後民法では、錯誤取消しを善意無過失の第三者に対抗できないことが明文化されました（改正後95条4項）。これも、改正前民法において認められていた考え方を明文化したものです。

2．賃貸借実務への影響

　上述のように、錯誤についての改正は、基本的に改正前民法において認められていたルールが明文化されたものですので、賃貸借実務への影響は小さいと考えられます。

3 代理

Q10 代理

今回の改正で代理に関するルールはどう変わりますか。賃貸借実務への影響を教えてください。

A 今回の改正は、従前の判例・通説の明文化が中心であるため、改正による賃貸借実務への影響は限定的なものに留まると考えられます。

1. 代理人の行為能力（改正前102条関係）

(1) 改正の趣旨・内容

① 「代理人は、行為能力者であることを要しない。」と定める改正前102条は、代理人が行為能力（その意味は、**Q6**を参照してください。）を制限された者（制限行為能力者）である場合でも、それ自体を理由とする法律行為の取消しは認められないことを定める規定と考えられていました。もっとも、改正前102条は、文言上、制限行為能力者が代理人になることを許容するものの、制限行為能力者が代理人としてした行為については、行為能力の制限による法律行為の取消しの対象となることを定めた規定とも解釈する余地がありました。

そこで、改正後102条本文は、代理人の行為は、行為能力を理由に取り消すことができないという形で、条文の趣旨を分かりやすく規定しました。

② 制限行為能力者の法定代理人が制限行為能力者である場合も一応想定されるところ、このような場合にも、代理行為に関して行為能力の制限を理由とした法律行為の取消しができないことにすると、代

理された制限行為能力者である本人の保護が十分に図られなくなるという問題が生じ得ます。

そこで、制限行為能力者が他の制限行為能力者の法定代理人としてした行為については、取消しが認められることが規定されました（改正後102条ただし書）。

(2) 賃貸借実務への影響

上記(1)①の改正は従来の規定の趣旨を明確化するものであり、改正による実務への影響は特にないと考えられます。これに対し、上記(1)②の改正内容は、制限行為能力者が他の制限行為能力者の法定代理人として行為するという局面で、取消しによる本人の保護を図るものであり、そのような局面では、取消しの可能性に留意しておく必要があるといえます。

2. 復代理人を選任した代理人の責任（改正前105条関係）

(1) 改正の趣旨・内容

改正前民法は、任意代理人が復代理人を選任したときは、任意代理人は、その選任および監督について、本人に対して責任を負うとし（改正前105条1項）、また、本人の指名に従って復代理人を選任したときは、その責任を軽減し、責任を負担するのは、その復代理人が不適任であること等を知りながら、それを本人に通知しなかった場合等に限定していました（改正前105条2項）。このような、復代理人を選任した任意代理人の責任を一律に限定するルールについては、任意代理人の責任を軽減し過ぎているとの指摘がありました。こうした指摘を踏まえ、今回の改正により、改正前105条の規定が削除されました。

その結果、任意代理人が復代理人を選任したときにおける任意代理人の責任については、一般的な債務不履行責任のルールに従って判断されることとなります。

(2) 賃貸借実務への影響

　賃貸借取引の実務上、任意代理人が復代理人を選任するという局面は少ないと考えられ、改正の影響は限定的と考えられます。仮にそうした局面があれば、本人と任意代理人との間で、復代理人を選任した場合における責任分担について明確に取り決めておくことが望ましいといえます。

3．自己契約および双方代理等（改正前108条関係）

(1) 改正の趣旨・内容

　改正前108条では、同一の法律行為について相手方の代理人となること（自己契約）および当事者双方の代理人となること（双方代理）を原則として禁止していたものの、同条に違反した場合の効果は規定されていませんでした。今回の改正により、判例法理（最判昭和47・4・4民集26巻3号373頁など）を踏まえ、自己契約および双方代理の禁止に違反する行為については、無権代理行為とみなすことが明文化されました（改正後108条1項）。この規定により無権代理とみなされる場合、無権代理に関する民法のルールが適用されることになります。

　また、形式的に自己契約および双方代理に該当しない場合であっても、実質的に代理人と本人との利益が相反する行為については、本人に不利益を及ぼすおそれがあります。改正前民法下でも、判例上、そうした行為については、改正前108条の趣旨により無効とされることがあり（大判昭和7・6・6大民集11巻1115頁など）、一般的な理解とされていました。今回の改正では、判例や一般的な理解を踏まえ、自己契約および双方代理に加え、本人と代理人との利益が相反する行為（以下「利益相反行為」といいます。）についても、明文の規定で無権代理とみなす扱いにしました（改正後108条2項本文）。

　なお、改正後108条2項本文に定める利益相反行為に該当するか否かについては、改正前民法下と同様に、代理行為自体を外形的・客観

的に考察して判断すべきと考えられています。

(2) 賃貸借実務への影響

改正後108条における改正は、基本的には、従来の判例法理を明文化するものですので、改正による実務への影響は限定的であると考えられます。

もっとも、条文上明記されることにより、実務上、利益相反行為による無効の主張がなされる場合が多くなる可能性があります。本人と代理人との利益が相反するかどうかは種々の態様があり得ます。そこで、後日、想定外の主張がなされないよう、代理人と取引する場合、本人と代理人との利益が相反していないか、少なくとも外形的・客観的なレベルでは確認しておくことが望ましいといえます。

4. 代理権の濫用

(1) 改正の趣旨・内容

代理権の濫用とは、代理人が自己または第三者の利益を図る目的で代理権の範囲内の行為をすることをいいます。改正前民法下では、代理権の濫用に関する規定はなかったものの、判例上、改正前93条ただし書の類推適用により、相手方が代理人の意図を知っていたか、または知り得たときには、代理行為の効果が否定されるとされていました。

今回の改正では、代理権の濫用について、実質的にはこうした判例法理を踏まえつつ、より柔軟な解決を図るために法律構成を改め、無権代理行為として無効になるとの規定を新たに設けました（改正後107条）。

(2) 賃貸借実務への影響

基本的に従来の判例法理を明文化するものであり、今回の改正による賃貸借実務への影響は限定的と考えられます。

5. その他の代理に関する改正

上記で説明したほか、今回の改正により代理に関する規定が全般に見直されています。その要旨は、以下のとおりです。いずれも、基本的には、従来の判例法理や一般的な理解の明文化または規定の整理であり、実務への影響は限定的と考えられます。

[代理に関する改正の要旨]

	改正の要旨
代理行為の瑕疵—原則 （改正前 101 条 1 項関係）	代理人が相手方にした意思表示の効力に関する規律（改正後 101 条 1 項）と、相手方が代理人に対してした意思表示の効力に関する規律（改正後 101 条 2 項）が区別。
代理行為の瑕疵—例外 （改正前 101 条 2 項関係）	改正前 101 条 2 項における、代理人が「本人の指図に従って」当該法律行為をしたことを要する旨の文言が削除（改正後 101 条 3 項）。
代理権授与の表示による表見代理等（改正前 109 条、110 条関係）	代理権授与の表示による表見代理に関する規定（改正前 109 条）と権限外の行為の表見代理に関する規定（改正前 110 条）の重畳適用を認める規定（改正後 109 条 2 項）が新設。
代理権消滅後の表見代理等（改正前 110 条、112 条関係）	<改正後 112 条 1 項> 代理権消滅後の表見代理に関する規定の適用要件として要求される相手方の「善意」の意味が、過去に存在した代理権が代理行為の前に消滅したことを知らなかったことであることが明記。 <改正後 112 条 2 項> 代理権消滅後の表見代理に関する規定（改正前 112 条）と権限外の行為の表見代理に関する規定（改正前 110 条）の重畳適用を認める規定が新設。
無権代理人の責任（改正前 117 条関係）	<改正後 117 条 1 項> 訴訟における主張立証責任の所在を明確にする趣旨の文言の調整。 <改正後 117 条 2 項 2 号ただし書き> 無権代理人と取引の相手方の公平を図るための規定が新設。

4 連帯保証——締結時の情報提供、個人根保証の極度額の定めを含めて

Q11　保証に関する改正

保証の制度はどのように変わりますか。賃貸借との関係で、その主な内容を教えてください。

A　保証人の保護を図るための規定の整備は、今回の改正において最も注目され、検討が重ねられた事項の1つです。賃貸借との関係では、①賃貸借契約に伴い締結される保証契約にも根保証契約の規律が適用されること、②保証人に対する情報提供が義務化されることという2つが主要な変更点といえます。その他に、連帯保証人に対する催告の効力や、主債務者である賃借人の有する抗弁についての規定などが改められます。

1．根保証契約の規律の適用

　根保証契約とは、一定の範囲に属する不特定の債務を主たる債務とする保証契約であり、改正前民法では、主たる債務の範囲に貸金等債務（金銭の貸渡しまたは手形の割引を受けることによって負担する債務）が含まれる「貸金等根保証契約」のみが根保証契約の規律の対象とされ、極度額を定めなければ保証契約の効力を生じないと定められています（改正前465条の2）。また、貸金等根保証契約の元本確定事由についても定められています（改正前465条の4）。しかし、これらの規定は、「貸金等根保証契約」に該当しない、賃貸借契約における賃借人の債務についての保証契約には適用されていませんでした。今回の改正により、「貸金等根保証契約」だけでなく、個人が保証人となる根保証契約

一般について、根保証契約の規律の適用対象が拡大されます（改正後465条の2第1項）。

　これに伴い、賃貸借契約における賃借人の債務についての保証契約にも、個人が保証人となる限り、今後は原則として根保証契約の規律が適用されることとなります。例えば建物の賃貸借契約では、賃借人が長期にわたって賃料債務を履行せず、遅延損害金を含めた未履行の債務が多額にのぼる場合や、賃借人が故意や過失によって賃貸建物を損傷し、修理費用や賃貸収入相当額の逸失利益などを含む多額の損害が発生する場合があります。これらの債務や損害について、保証人の予想以上の保証金の支払いを債権者たる賃貸人から請求される場合があることから、保証人が負うこととなる責任の範囲を画し、保証人の予測可能性を確保する必要性があると考えられています。この点が賃貸借契約等における保証契約にも根保証契約の規律を適用する実質的な理由といえます。ただし、貸金等根保証契約とそれ以外の根保証契約とでは適用される規律が異なる部分があるため、注意が必要です（**Q12**を参照してください。）。

2．保証人に対する情報提供義務

　保証契約に関しては、保証人になろうとする者が自己の責任を十分に認識しないままに保証契約を締結し、後に予想以上の多額の保証債務の履行を求められるような事例が問題視されていました。また、保証契約の締結後、保証人は、主債務者による債務の履行状況について当然には把握する立場にないため、保証人の知らないうちに保証債務の負担が増大する危険性がありました。

　この点、改正前民法は、保証人に対する説明義務や情報提供義務の存否・内容についての明文の規定を欠いており、解釈に委ねられていましたが、今回の改正により、一定の場合に保証人に対する情報提供を行うことが義務化されます。賃貸借契約においても、保証契約の締

結時および賃貸借契約の期間中に、保証人に対する情報提供が必要となる場合があります（**Q14**、**Q30** を参照してください。）。

3．その他の改正

(1) 連帯保証人に対する催告の相対的効力

今回の改正により、連帯債務における絶対的効力事由が相対的効力事由へと変更されることに伴い、連帯保証においても、連帯保証人に対する履行の請求の効力が主債務者に及ばないのが原則となります（改正前434条の削除。改正後441条、改正後458条）。そのため、（賃貸借契約で問題になる場面は少ないと見込まれるものの、）時効管理との関係で、実務上、慎重な対応が要請される可能性があります（**Q16** を参照してください。）。

(2) 保証債務の付従性

改正前民法では、主債務を担保する目的のために存するという保証の性質から、保証債務には内容における付従性があるとされ、保証債務の目的・態様が主債務の目的・態様より重い場合、保証債務の目的・態様が主債務の目的・態様まで縮減される旨が規定されています（改正前448条）。他方、改正前民法は、保証契約の締結後に主債務の目的・態様が加重された場合の取扱いについては、明文の規定を欠いていました。

今回の改正により、保証契約の締結後に主債務の目的・態様が加重された場合であっても、保証債務にその影響は及ばないことが明記されました（改正後448条2項）。従前も、そうした解釈が通説とされていましたが、民法上明文の規定が置かれることにより、今後は、賃貸借取引に伴う保証契約に関しても、どのような保証契約の変更内容が保証契約の締結後に主債務の目的・態様を加重する場合に該当し、保証人の承諾を取得する必要があるのかといった点について、実務上、

事例に応じた検討がなされることが期待されます（Q35 を参照してください。）。

(3) 賃借人に生じた事由の効力

改正前民法には、主債務者（賃貸借契約の場合には、通常は賃借人を指します。）に生じた事由の効力が保証人に及ぶ旨の規定があります（改正前457条）。今回の改正により、これに加えて、主債務者が主張することができる抗弁がある場合に、保証人はその抗弁を債権者に対抗することができることが明文化されます（改正後457条2項）。この規定は、主債務者が債権者に対して反対債権を有する場合だけでなく、主債務者が同時履行の抗弁などの抗弁を主張することができる場合にも適用されるものです。賃貸借との関係では、例えば賃借人が賃貸人に対して費用償還請求権を有する場合に、保証人も当該事由を賃貸人に対抗できることとなります。

また、主債務者が相殺権、取消権、解除権を有する場合には、保証人も主債務者が有する債権の限度で履行を拒絶することできます（改正後457条3項）。これにより、保証人がこれらの権利自体を行使するのではなく、あくまで債権者に対する履行を拒絶できることが明確にされます（賃借人による相殺については、Q38 を参照してください。）。もっとも、改正後457条2項・3項は、改正前民法下の通説を明文化したものであり、賃貸借との関係で大きな影響はないと考えられます。

(4) 委託を受けた保証人の求償権および通知義務

今回の改正により、委託を受けた保証人が保証債務を履行した場合の主債務者への求償権に基づき保証人に償還される額の算出方法が明確化（改正後459条）されたほか、委託を受けた保証人が弁済期前に弁済をした場合の事後求償権の規定（改正後459条の2）や委託を受けた保証人の事前求償権の規定（改正後460条）が整理されました。また、保証人や主債務者が、債務の消滅行為（典型的には、弁済）について互

いに通知しなかった場合の求償権の処遇についても明記されました（改正後463条）。もっとも、これらは改正前民法下での一般的な解釈を明文化したものであり、賃貸借との関係で大きな影響はないと考えられます。

4．経過措置について

　施行日前に締結された保証契約に係る保証債務については、改正前民法の規律が及ぶとされています（附則21条1項）。したがって、保証債務に関する改正後民法の規定は、改正法の施行日以後に締結された保証契約に適用があり、改正法の施行日前に締結された保証契約には適用されないこととなります。

　ここで、施行日前に締結された賃貸借契約が施行日以後に更新された場合に、当該賃貸借契約に伴って締結されていた保証契約について改正前民法と改正後民法のいずれが適用されるのかという点が問題となり得ます。一般的には、賃貸借契約に伴って締結される保証契約は、賃貸借契約が合意更新された場合を含めてその賃貸借契約から生ずる賃借人の債務を保証することを目的とするものとして締結され、賃貸借契約の更新時に新たな保証契約が締結されるものではありません。このような保証契約の場合、賃貸借契約が施行日以後に合意更新されたとしても、施行日以後に新たに保証契約が締結されたものではなく、保証に関する改正前民法の規定が適用されることになります。もっとも、施行日以後に賃貸借契約の合意更新とともに保証契約が新たに締結され、または合意によって保証契約が更新された場合には、この保証については保証に関する改正後民法の規定が適用されることになると考えられています。また、立案担当者によれば、期間の満了前に当事者のいずれも異議を述べず、自動的に契約が更新されるケースについても、契約期間満了までに契約を終了させないという不作為があることをもって、合意による契約の更新と評価することができるとされています（『一問一答』383～384頁）。

Q12　保証総論

不動産の賃貸借契約に伴い保証契約を締結する場合、どのような点に留意する必要がありますか。

> **A** 改正後民法の規律が、当該保証契約に適用されるかどうかを判断するため、個人が保証人となるか、賃借人は「事業のため」に賃貸借契約を締結するのかという点を確認する必要があります。これらは個人根保証契約の規律への対応、保証契約締結時の情報提供義務の有無を左右するメルクマールとなります。また、連帯保証とする場合には、時効管理の観点から一定の留意が必要となります。

1. 個人が保証人となる場合の留意点

(1) 個人根保証契約の規律の適用

改正後民法において、個人根保証契約とは、①「一定の範囲に属する不特定の債務を主たる債務とする保証契約」であって、②「保証人が法人でないもの」をいいます。また、①については、単に「根保証契約」といいます。

そして、個人根保証契約の保証人は、主たる債務の元本、主たる債務に関する利息、違約金、損害賠償その他その債務に従たる全てのものおよびその保証債務について約定された違約金または損害賠償の額について、その全部に係る極度額を限度として、その履行をする責任を負うとされています（改正後465条の2第1項）。

不動産の賃貸借契約に伴う保証契約において、個人が保証人となる場合には、原則として個人根保証契約に該当し、個人根保証契約の規律が及ぶこととなります。これは、保証契約上、保証の対象は、賃料債務、賃貸目的物を損傷した場合の損害賠償債務をはじめ、賃借人が賃貸人に対して負う一切の債務に及ぶとされることが一般的であるた

Q12　保証総論　35

めです。

　従前の不動産賃貸借に伴う保証契約との違いとしては、以下の2つが挙げられます（詳細は**Q13**、**Q31**を参照してください。）。

> ・　極度額を定めなければ、保証の効力を生じないとされます（改正後465条の2第2項）。
> ・　元本確定事由の発生により、以後、保証人は、確定した元本とこれに対する利息・損害金等についてのみ保証債務を負うこととなります（改正後465条の4第1項）。

　なお、保証契約は書面で行わなければ効力を生じないという規定（民法446条2項）（書面による保証契約締結の必要性）、および保証契約がその内容を記録した電磁的記録でなされたときは、書面によってなされたものとみなされるという規定（改正後446条3項）は、今回の民法改正後も維持されています。

(2)　法人保証の求償債務を個人が保証する場合

　保証会社等の法人が根保証契約における保証人となる場合であっても、当該法人が主たる債務者に対して有する求償権に関する債務を主債務として、個人の保証人が保証契約を締結する場合があります。

　この場合、改正後民法の下では、当該個人保証人を保護する観点から、基本的に個人根保証契約と同様の規律を及ぼす必要があるとされ、当該法人を保証人とする根保証契約において極度額が定められていなければ、求償権に係る個人を保証人とする保証契約はその効力を有しないとされます（改正後465条の5第1項・第3項）。

　居住用の建物賃貸借等においては、法人保証（機関保証）が利用されることがありますが、さらに保証人が有する求償権を個人が保証する例は必ずしも多くはないと思われます。

　また、例えば法人がオフィスを賃借し、保証会社による法人保証（機

関保証）を利用すると同時に、法人の代表者である個人が保証会社の求償権を保証する場合であっても、法人の代表者の求償権保証契約が根保証契約となる場合には、法人保証の契約について改正後465条の5第1項・第3項は適用されないこととなります（詳細は **Q15** を参照してください。）。

2. 事業のために賃貸借契約を締結する場合の留意点

改正後民法の下では、一定の場合に保証人に対する情報提供を行うことが義務化されます。

保証契約を締結する場面では、保証の対象となる賃貸借契約を「事業のため」に締結する場合、保証の委託を受けて保証人になろうとする個人に対して賃借人の財産状況に関する情報提供をすることが必要となると考えられます（改正後465条の10）。そのため、賃貸借契約の当事者は、個人が保証人となる場合には、当該賃貸借契約が「事業のため」になされるものであるかどうかについて確認する必要があります。

なお、この情報提供を行うのは、賃貸人ではなく、主債務者である賃借人であるとされています（詳細は **Q14** を参照してください。）。

3. 連帯保証とする場合の留意点

改正前民法においては、連帯保証人に対する請求の効力が主債務者にも及び、例えば連帯保証人に対する請求により、主たる債務者の負っている貸金債権の消滅時効が完成しないこととなる（改正前民法の下では、「時効の中断」と称していましたが、改正後民法の下では、これを「時効の完成猶予」といいます。）と解されていました。

今回の改正により、連帯債務における絶対的効力事由・相対的効力事由に関する規律が変更される（詳細は **Q16** を参照してください。）こ

とに伴い、連帯保証においても、連帯保証人に対する履行の請求の効力が主債務者に及ばないのが原則となります（改正前434条の削除、改正後441条、改正後458条）。

したがって、例えば、債権者が連帯保証人に対してのみ裁判上の請求をしても、主債務者との関係では債権の消滅時効は進行を続けることとなります。

もっとも、当事者間の合意によって、連帯保証人に生じた事由の効力を主債務者にも及ぶとすることは可能であるとの規定が設けられます（改正後441条ただし書、改正後458条）。

債権者としては、改正後441条ただし書および同条項を準用する改正後458条に基づき、保証契約締結時に、保証人に生じた事由が主債務者にも及ぶ旨の特約条項を置くことが考えられます（後掲「建物賃貸借契約の書式の見直し案」を参照してください。）。

賃貸借においては、消滅時効の完成が問題となる場面は必ずしも多くないと思われるものの、未払賃料債権や損害賠償請求権が弁済されない場合に、保証人に債務の履行を請求したにもかかわらず、賃借人との関係では消滅時効が完成するといった事象を防止するという観点からは、留意が必要といえます。

なお、以上は連帯保証の場合に連帯保証人について生じた事由の効力に関する留意点ですが、主たる債務者については、主たる債務者に対する履行の請求その他の事由による時効の完成猶予および更新は、保証人に対してもその効力を生ずるとされています（改正後457条1項）。

Q13　極度額の定め

極度額とは、どのようなルールですか。不動産の賃貸借契約の締結においては、どのような点に留意する必要がありますか。

A　個人根保証契約においては、保証人が履行責任を負担する可能性のある債務の限度額として、具体的な金額による極度額を定めた上、書面に記載する必要があります（電磁的記録によって行うことも可能とされます。）。極度額の算定方法や水準については、法律上特段の制限はないため、主たる債務の内容等の個別の事情に応じて、当事者の合意により金額を定めることとなります。

1．改正の趣旨・内容

改正後民法の下では、個人根保証契約の保証人は、「主たる債務の元本、主たる債務に関する利息、違約金、損害賠償その他その債務に従たる全てのもの及びその保証債務について約定された違約金又は損害賠償の額について、その全部に係る極度額を限度として、その履行をする責任を負う」とされ、個人根保証契約は、保証の限度額である極度額の定めがなければ効力を生じないとされます（改正後465条の2第1項・第2項）。

この極度額は、保証人の予測可能性を確保する観点から、具体的な金額をもって定めることが想定されており、保証契約の締結後に具体的な金額が定まるような場合には、極度額を定めたことにならないと評価されるおそれがあります。

また、一般的に、保証契約の締結は書面によって行う必要があります（民法446条2項）（なお、電磁的記録によることも可能とされます（改正後446条3項）。）。

したがって、今回の改正後の個人根保証契約においては、基本的に

は「(保証人は、) 極度額を○円として保証する。」といった確定的な金額をもって、極度額を保証契約書に記載することが望ましいといえます。

2．不動産の賃貸借における留意点

(1) 保証契約書における極度額の定め

　不動産の賃貸借契約についての保証契約において、個人が保証人となる場合には、原則として個人根保証契約に該当することから、個人根保証契約の規律が及び、極度額を定める必要があります。賃貸借においては、上述のように確定的な金額を保証契約書に記載するほか、例えば「月額賃料の○か月分」や「年間賃料の○割」といった算定式の形式により極度額の定めを置くことが考えられます。

　もっとも、このような算定式による記載とした場合であっても、極度額については保証契約の締結の時点で確定する必要があることから、算定式の対象となる賃料額が具体的に確定され、保証契約書に明記されていることが条件になるといえます。

　この点、通常の居住用の建物賃貸借契約では、賃料額が確定的に記載されることが通常ですので、算定式による記載をする場合、そうした確定的な賃料額の記載と併せれば、有効な極度額の記載になることが多いと考えられます。これに対して、一部の商業施設等で見られるような、歩合賃料を賃料額の決定に用いる場合（例えば、最低賃料額に売上げの一定割合を加算した金額を翌月の賃料額とする場合）には、賃貸借の開始後に賃料額が変動することから、個人根保証契約の締結の時点で賃料額が確定されているとはいえないため、上記のような算定式による極度額の記載方法は採用し難いといえます。

　また、極度額を算定式により記載する場合であって、保証契約の締結後に賃料額が変更されたときには変更後の賃料額に基づいて計算された金額を極度額とするという趣旨の規定については、(確定された賃料額を併記するとしても) 保証契約の締結の時点で極度額が確定されて

いないと評価され、当該個人根保証契約が無効となる可能性があること（『一問一答』136頁）に留意が必要です。

(2) 極度額の算定方法・水準

極度額の算定方法や水準については、改正後民法の下でも特段の制限はありません。そのため、主たる債務の内容等の個別の事情に応じて、当事者間の合意によって具体的な金額を定めることができます。

不動産の賃貸借契約においては、例えば以下の各項目をカバーできるかどうかという観点から金額を決定することが考えられます。

[極度額の算定にあたり考慮される項目（例）]

- 賃料額（未払賃料額）
- 賃貸借契約の終了後、賃貸目的物の明渡しまでの賃料相当損害金
- 原状回復費用
- 賃貸人の賃借人に対する損害賠償請求金額（賃借人が賃貸目的物を損壊した場合等）

　　　　　　　　　　　　　　　　　　　　　　　　　　　等。

ただし、不当に高額な極度額を定めようとする場合には、そもそも保証人の承諾が得られず、保証契約の締結が困難となる可能性があること、あるいは後日保証の範囲をめぐって紛争となる可能性があることから、留意が必要です。

また、保証契約の締結後、賃貸人と保証人との間の合意により極度額を変更することは可能です。もっとも、保証人の承諾があったとしても、一旦定めた極度額を事後的に無制限とするような変更は、極度額を定めた意味を失わせることになるため、許されないと考えられます（吉田徹＝筒井健夫『改正民法の解説──保証制度・現代語化』（商事法務、2005）30頁では、具体的な事情によっては、変更の合意のみならず根保証契約そのものが無効となる可能性があるとされています。）。

Q14　契約締結時の情報提供

不動産の賃貸借契約に伴って保証契約を締結する場合、保証人に対してどのような情報提供が必要となりますか。

A　改正後民法の下では、賃貸借契約を「事業のため」に締結する場合には、賃貸借契約に伴う保証契約を締結する際に、保証の委託を受ける個人に対して、主債務者の財産状況に関する情報提供を実施することが必要となると考えられます。この情報提供を行うのは、賃貸人ではなく、主債務者である賃借人とされています。

　賃借人による情報提供が不十分である場合であって、賃貸人がそのことを知っていたときまたは知り得たときは、保証人は当該保証契約を取り消すことができるため、留意が必要です（改正後465条の10）。

1．改正の趣旨・内容

今回の改正において、保証人に対する情報提供に関する規定が新設されます（表）。保証契約を締結する場面では、事業のために負担する債務について、個人に保証の委託をする場合に、主債務者は、当該委託を受ける者（情報提供の時点では、未だ保証人とはなっていないため、「委託を受ける者」と規定されます。）に対して一定の情報提供をする義務を負っています（表の1、改正後465条の10）。

2．「事業のため」に賃貸借契約を締結する場合

保証契約の締結時に保証の委託を受ける者への情報提供が必要となるのは、「事業のために負担する債務」を主たる債務とする保証、または「事業のために負担する債務」が主たる債務の範囲に含まれる根保

[保証人に対する情報提供義務]

	1 契約締結時 (改正後 465 条の 10)	2 主債務の履行状況 (改正後 458 条の 2)	3 期限の利益喪失時 (改正後 458 条の 3)
保証の種類		通常の保証／根保証	
主債務の内容		貸金等債務／貸金等以外債務	
主債務の発生原因（目的）	事業のため	事業のため／事業以外	事業のため／事業以外
保証人の属性	個人	個人／法人	個人
保証委託の有無	有	有	有／無
情報提供の内容	・財産および収支の状況 ・主たる債務以外に負担している債務の有無ならびにその額および履行状況 ・主たる債務の担保として他に提供し、または提供しようとするものがあるときは、その旨およびその内容	・主たる債務の元本 ・主たる債務に関する利息、違約金、損害賠償その他その債務に従たるすべてのものについての不履行の有無ならびにこれらの残額 ・上記のうち弁済期が到来しているものの額に関する情報	・主債務者が期限の利益を喪失した旨
情報提供主体	主債務者	債権者	債権者
情報提供の時期	保証／根保証の委託をするとき	保証人による請求がなされた後遅滞なく	債権者が主債務者の期限の利益の喪失を知った時から2か月以内
情報提供義務違反となる要件	①主債務者が情報を提供せず、または事実と異なる情報を提供 ②①の情報を受けた者がその事項について誤認 ③②の誤認によって委託を受けた者が保証契約の申込みまたは承諾の意思表示 ④債権者が①について知りまたは知ることができたとき	規定なし	債権者が主債務者の期限の利益の喪失を知った時から2か月以内に、保証人に対しその旨を通知しなかったとき
義務違反の効果	保証人は保証契約の取消しが可能となる		債権者は、主債務者の期限の利益喪失時から通知をするまでに生じた遅延損害金に係る保証債務の履行を請求することができない。

証である場合です。そのため、情報提供義務の有無の判断においては、保証の対象となる主債務が「事業のために負担する債務」であるとの要件に該当するかどうかが問題となります。

　この「事業」とは、一般的に、営利性のあるものに必ずしも限定されず、一定の目的をもってされる同種の行為の反復継続的遂行をいうと解されていますが、その具体的範囲は不明確であり、個別の事情に応じた解釈がなされることとなります。

　不動産の賃貸借契約においても、事業用不動産の賃貸借については、「事業のため」に賃料等の債務を負担する場合に当たると考えられます。これに対して、居住用不動産の賃貸借においては、基本的には「事業のため」に賃料等の債務を負担する場合に当たらないとしても、自宅兼事務所として使用する場合や、自宅でも事業の一部を行う個人事業主の場合等、解釈の余地が残る事例も想定されます。

　また、事業以外の目的で賃貸借契約を締結した後、賃貸借の契約期間中に当該賃貸不動産において事業を開始した場合、保証契約締結の時点で、「事業のため」であったとはいえないため、改正後465条の10の要件には該当しないといえます。ただし、当初から事業用に使用する目的であったにもかかわらず、例えば賃借人が当該目的を秘していた場合には、同条が適用される可能性があるため、留意が必要です。

3．契約締結時に必要となる情報提供

　改正後民法の下では、保証契約締結時の情報提供の主体は、主たる債務者とされ、この点は他の情報提供の規定（改正後458条の2、改正後458条の3参照）と異なります。

　そして、保証の委託を受ける者への情報提供の項目は、次の①ないし③となります。

> ① 主たる債務者の財産および収支の状況
> ② 主たる債務以外に負担している債務の有無ならびにその額および履行状況
> ③ 主たる債務の担保として他に提供し、または提供しようとするものがあるときは、その旨およびその内容

　不動産の賃貸借契約においては、主たる債務者は賃借人になりますので、賃借人の財産および収支の状況、賃貸借契約に基づく債務以外に負担している債務の状況等、および他の担保の提供等について、賃借人が、個人である保証の委託を受ける者に対して情報提供をする義務を負っています。

4. 情報提供義務に違反した場合の効果

　主債務者が情報提供を行わず、または事実と異なる情報を提供したために、保証の委託を受けた者が上記の各事項について誤認をし、それによって保証契約を締結した場合であって、かつ債権者が主債務者による情報提供義務の不履行または虚偽の情報提供について知りまたは知り得た場合には、保証人は保証契約を取り消すことができます（改正後465条の10第2項）（表の1）。

　この情報提供義務違反による保証契約の取消しが認められるためには、単に保証人が賃借人の財産状況等に関する上記の事項について誤認をしたことでは足りず、誤認をしたことによって保証契約を締結したという因果関係が必要となります。また、債権者が主債務者による情報提供義務違反について悪意または有過失であることも要件とされています。

　債権者は、改正後民法上、情報提供の実施状況について厳格な調査義務を課されているわけではないと解されていますが、債権者の主観

(情報提供義務違反についての認識)が保証契約の取消しの要件の1つとされている以上、保証契約が取り消されることを防止するために、主債務者による情報提供が実施されたか、また虚偽の事実が含まれていないかについて、確認することが考えられます。

5．賃貸借契約への影響

(1) 賃貸借目的物件の利用目的の確認

上述のとおり、保証の委託を受ける者に対する情報提供が必要であるにもかかわらず、賃借人によって情報提供が行われなかった場合には、保証契約が取り消されるおそれがあります。

保証人によって保証契約が取り消された場合に、その対象であった賃貸借契約の存続に影響があるかどうかが問題となり得ますが、賃貸借契約における信頼関係を破壊するに足りる事情であると評価されず、賃貸人が保証契約の取消しを理由として賃貸借契約を解除することができないといった事態も想定されます。

また、改正後民法上、賃貸人に積極的な調査義務が課されるわけではないと解されていますが、事業目的での賃貸借契約であることが明らかな場合には、上述のとおり、改正後465条の10が適用される可能性もあります。

したがって、賃貸人としても、賃貸物件の利用目的や用途を賃借人に対して確認することが望ましいといえます。

また、賃借人に対して利用目的・用途を確認し賃貸借契約書等に記載しておく、事業目的である場合には、賃借人に保証の委託を受ける者への情報提供をするよう促すといった対応も考えられます（後掲「建物賃貸借契約の書式の見直し案」を参照してください。）。

(2) 情報提供義務の実施状況の確認

賃借人による保証人に対する情報提供の実施の有無やその内容につ

いて、賃貸人は必ずしも直接把握する立場にありません。そのため、情報提供が必要となる場合には、保証契約の締結時に、保証人に対して、賃借人から上記の情報提供の対象となる事項について説明を受けたことを確認することが考えられます。

(3) 保証会社の利用

以上のような契約締結時の情報提供が必要となるのは、個人が保証人となる場合であることから、上記の実務上の手続的な負担や保証契約の取消しのリスクを回避するために、「事業のため」に賃貸借契約を締結する場合においては、保証会社等の法人保証の利用が拡大することも予想されます。

Q15 法人による保証

不動産の賃貸借契約において、法人が保証人となる場合には、個人が保証人となる場合とどのような違いがありますか。

A 不動産の賃貸借契約において、法人のみが保証人となる場合には、民法改正後であっても極度額の定めは不要とされます。ただし、保証会社が賃借人に対して有する求償権について、さらに個人が保証人となる保証契約を締結する場合には、当該個人保証人と保証会社の間の保証契約において、原則として極度額の定めが必要となります。

　また、法人が保証人となる場合であっても、賃貸人は、保証人から請求があった場合には、契約期間中の賃借人の債務の履行状況に関する情報を保証人に対して提供する義務を負うこととなります。

1. 法人が保証人となる場合

　改正後民法の下でも、法人が保証人となる場合には、「個人根保証契約」(改正後465条の2第1項)に当たらないため、原則として極度額の定めは不要であり、賃借人の主たる債務の元本確定事由も問題となりません。この点は、改正後民法によって新たに「個人根保証契約」の規律の適用が拡大される個人保証人に関する規律とは大きく異なります。また、契約締結時の主債務者による情報提供義務(改正後465条の10)および主債務者の期限の利益喪失時の情報提供義務(改正後458条の3)についても、法人が保証人となる場合には適用されないこととなります。

　他方、主債務者である賃借人の履行状況に関する情報提供義務の規定は、個人が保証人となる場合に限定されておらず、保証会社が保証人となる場合にも適用されます(改正後458条の2)。

そのため、不動産の賃貸借においても、賃貸人は、保証会社から請求があった場合には、賃借人による債務の履行状況についての情報を提供する義務を負うこととなる点に留意が必要です。

2. 保証会社の有する求償権について個人が保証をする場合

(1) 保証会社による保証の対象が、不特定の債務と評価される場合

　保証会社との保証契約が、「一定の範囲に属する不特定の債務を主たる債務とする保証契約」である「根保証契約」に該当する場合（改正後465条の2参照）に、保証会社の「主たる債務者に対する求償権に係る債務を主たる債務とする保証契約」をさらに個人が保証人となって締結することがあります（下記図）。このような場合、当該個人は結局自ら根保証契約をした場合のように過大な責任追及を受けるおそれのある状態に置かれ、個人根保証契約の規律を設けた法の趣旨が全うされないこととなります。そこで、改正後民法の下では、保証会社の求償権を担保するための保証契約（求償権保証契約）において、個人が保証人となる場合には、債権者と保証会社との根保証契約において極度額の定めがない限り、当該保証会社と個人保証人との個人求償権保証契約は、効力を生じないこととなります（改正後465条の5第1項・第3項）。もっとも、これらの条項は個人が根保証でない通常の保証をする

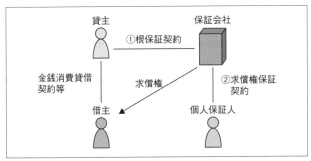

［求償権保証契約（イメージ）］

場合に適用され、個人が保証人となる求償権保証契約が根保証契約とされる場合には、当該契約に個人根保証契約の規律が及ぶため、改正後465条の5第1項の対象からは除外されることとなります。

　賃貸借契約との関係では、例えば会社が賃借人となって保証会社を利用し、さらに会社の代表者個人が保証会社の有する求償権について保証する場合が想定されますが、賃貸人と保証会社との保証契約が根保証契約に該当する場合、通常は、代表者個人と保証会社との求償権保証契約が複数の不特定の求償権を主債務に含む根保証契約となり、当該求償権保証契約自体において極度額の定めの有無を問題とすることになると考えられます。

　なお、このような求償権に係る債務を主たる債務とする保証契約においては、保証会社が債権者となります。そのため、保証人である個人との関係では、賃貸人ではなく保証会社が、債権者による情報提供義務（改正後458条の2、458条の3参照）等の主体となる点に留意が必要です。

(2) 保証会社による保証の対象が、不特定の債務とは評価されない場合

(1)に対して、保証会社による保証の対象が「一定の範囲に属する不特定の債務」であると評価されない場合には、当該保証契約が「根保証契約」に該当しないため、改正後465条の5第1項の適用はなく、極度額の定めは不要といえます。

　不動産の賃貸借契約における保証契約は、一般的には根保証契約に該当すると考えられますが、賃貸人と保証会社との個別の保証契約の内容によっては、当該保証契約が根保証契約に該当せず、保証会社の求償権を担保するための求償権保証契約を伴う場合であっても、極度額の定めが不要となる可能性があります。

3. その他の改正後民法における規律

　個人根保証契約および保証人に対する情報提供義務以外のルールについては、基本的に保証人が個人である場合か法人である場合かを問わず適用されることとなります。

　このうち、改正後463条では、保証人の主たる債務者に対する求償権に関するルールが整理されています。すなわち、保証人が主たる債務者の委託を受けて保証をした場合において、主たる債務者にあらかじめ保証人が弁済等の債務消滅行為をすることを通知しないで弁済等をしたときは、主たる債務者が債権者に対抗することができた事由を保証人に対抗することができ、その結果、保証人の債務者に対する求償権の行使が制限されることとなります（改正後463条1項）。

　また、委託を受けた保証人または委託を受けていないが主債務者の意思に反しない保証人については、保証人が債務の消滅行為をした後に主たる債務者に対する通知を怠ったために、主たる債務者が善意で債務の消滅行為をしたときは、主たる債務者は自らの債務の消滅行為を有効であったものとみなすことができ、その結果保証人の債務者に対する求償権の行使が制限されることとなります（改正後463条3項）。

　これらの保証人の事前通知義務（改正後463条1項）、事後通知義務（同条3項）は、改正前民法下での条文や解釈を整理したものであり、賃貸借契約との関係でも、今回の改正による大きな影響はないと考えられます。

5 連帯債務その他の多数当事者の債権債務

Q16　連帯債務

今回の改正により、連帯債務に関してどのような変更がなされますか。

A 連帯債務者の一人について生じた事由の効力について規律が改められます。そのほかにも、連帯債務の発生原因が明確化されたほか、連帯債務者間の求償関係についても変更がなされます。

1．連帯債務とは

　連帯債務とは、給付が可分であるのに数人の債務者が同一内容の給付につきそれぞれ独立に全部の給付をすべき債務を負担し、しかもその一人が給付をすれば債権は満足させられ他の債務者も債務を免れるものをいいます。連帯債務が不動産賃貸借の場面で生じる場面は多くありませんが、連帯保証に連帯債務に関する規定が準用されていることから（改正後458条）、不動産賃貸借の実務にとって連帯債務の規定は重要といえます。以下、関連する改正の内容を説明します。

2．連帯債務の発生原因

　連帯債務の発生原因について「債務の目的がその性質上可分である場合において、法令の規定又は当事者の意思表示によって数人が連帯して債務を負担するとき」と規定され、連帯債務が法令の規定または当事者の意思表示によって生じることが明文化されます（改正後436条）。この点、今回の改正前も連帯債務は、法律行為または法律の規定

52　Ⅱ　賃貸借契約の締結時の実務への影響

によって生ずると解されており、この改正は従来の解釈を明文化するものです。

なお、改正前民法下では、可分債務について意思表示により不可分債務とすることができると解されていました。これに対し、改正後民法は、「債務の性質」によって不可分債務を規定しているため（改正後430条）、可分債務の性質を有する連帯債務を当事者間の合意により不可分債務とすることはできないと解されます。

3. 連帯債務者の一人について生じた事由の効力

今回の改正により、改正前民法では絶対効を有していた事由の一部が相対効を有する事由に変更されています。絶対効とは、連帯債務者の一人について生じた事由の効力が他の者に影響を及ぼすことをいい、相対効とは、連帯債務者の一人について生じた事由の効力が他の者に影響を及ぼさないことをいいます。

今回の改正により、連帯債務者の一人について生じた更改、相殺、混同以外の事由は、当事者間で別段の意思を表示した場合を除き、他の連帯債務者に対してその効力を生じないものとされ、相対効を有す

［連帯債務者の一人について生じた事由の効力］

	改正前	改正後
履行の請求	絶対効	相対効
更改	絶対効	絶対効
相殺	絶対効（ただし、他の連帯債務者は、債権を有する連帯債務者の負担部分についてのみ相殺援用可）	絶対効（ただし、他の連帯債務者は、債権を有する連帯債務者の負担部分の限度において、債務の履行を拒絶可）
免除	絶対効	相対効
混同	絶対効	絶対効
時効の完成	絶対効	相対効

る事由の範囲が拡大しています（改正後441条）。

　表のとおり、履行の請求は絶対効から相対効に変更されています。そのため、例えば連帯債務者の一人に対する裁判上の請求が、他の連帯債務者との関係で時効の完成猶予・更新の効力を有しなくなることには注意が必要です。これに対し、連帯保証の場合は、主たる債務者に対する履行の請求その他の事由による時効の完成猶予および更新は、保証人に対してもその効力を生ずるとされています（改正後457条1項）。

　また、連帯債務者の一人が債権者に対して債権を有する場合、その連帯債務者が相殺を援用しない間は、その連帯債務者の負担部分の限度で、他の連帯債務者は、自己の債務の履行を拒絶することができるものとされます。さらに、免除および時効の完成が絶対効から相対効に変更されています。一人の連帯債務者が免除または時効の完成の利益を受けた場合における他の連帯債務者からの求償の可否については、下記4.(4)を参照してください。

　これらの規定は任意規定であるため、当事者の合意により別段の定めをすることが可能です。また、改正前民法に基づく連帯債務については、改正前民法が引き続き適用されるため、本改正によって相対効に改められた事由は、引き続き絶対効を有することとなります（下記5.を参照してください。）。

4．連帯債務者間の求償関係等

(1) 連帯債務者間の求償権について（改正後442条）

　連帯債務者の一人が弁済をし、その他自己の財産をもって共同の免責を得たときは、その連帯債務者は、その免責を得た額が自己の負担部分を超えるかどうかにかかわらず、他の連帯債務者に対し、その免責を得るために支出した財産の額（その財産の額が共同の免責を得た額を超える場合にあっては、その免責を得た額）のうち各自の負担部分に応

じた額の求償権を有するものとされます（改正後442条1項）。

(2) **通知を怠った連帯債務者の求償の制限について（改正後443条）**

　連帯債務者は弁済を行うにあたり、他の連帯債務者に対し事前に通知する義務を負います。また、弁済を行った連帯債務者は、他の連帯債務者に対し事後に通知する義務も負います。

　また、ある連帯債務者が、他の連帯債務者があることを知りながら事前の通知をせずに弁済等をした場合には、他の連帯債務者は、その負担部分について、債権者に対抗することができる事由をもって弁済をした連帯債務者に対抗することができます。この場合において、相殺をもってその免責を得た連帯債務者に対抗したときは、その連帯債務者は、債権者に対し、相殺によって消滅すべきであった債務の履行を請求することができます（改正後443条1項）。さらに、ある連帯債務者が、他の連帯債務者があることを知りながら事後の通知を怠ったため、他の連帯債務者が善意で弁済等をした場合には、他の連帯債務者は、自己の弁済等を有効とみなすことができます（改正後443条2項）。

(3) **償還する資力のない者の負担部分の分担について（改正後444条）**

　今回の改正にかかわらず、連帯債務者の中に償還をする資力のない者がある場合、その償還をすることができない部分は、求償者および他の資力のある者の間で、各自の負担部分に応じて分割して負担するものとされています（改正前444条本文、改正後444条1項）。この点、今回の改正前は、求償者および他の資力のある連帯債務者のすべてが負担部分を有しない者である場合には、各自がどのように分担するか条文上明確でありませんでした。そこで、改正後444条2項では、公平の観点から、求償者および他の資力のある者が等しい割合で分割して負担することが明らかにされました。

(4) 連帯債務者の一人との間の免除・時効の完成と求償権（改正後445条）

　免除・時効の完成が相対効に変更されたことを受け、免除・時効の完成の場合における求償の扱いに争いが生じないよう、新たに改正後445条が規定されています。ここでも相対効の原則が維持され、他の連帯債務者は、免除・時効の完成により利益を受けた連帯債務者に対し、上記(1)の求償権を行使できるものとされています。

5．附則について

　改正前民法における連帯債務（その原因である法律行為が施行日前にされたものを含みます。）は、従前どおり取り扱われます（附則20条2項）。

Q17　不可分債権ほか

不可分債権、不可分債務、連帯債権について、今回の改正のポイントを教えてください。

A　①不可分債権が成立する場面が債権の目的が性質上不可分である場合に限定されるとともに、連帯債権に関する規定の一部が不可分債権について準用されます。②不可分債務が成立する場合が債務の目的が性質上不可分である場合に限定されるとともに、連帯債務に関する規定の多くが連帯債務について準用されます。③連帯債権に関する明文の規定が新たに設けられます。

1．不可分債権

　不可分債権とは、不可分給付を目的として成立する債権で、債権者が複数いるものをいい、不可分債権者は、各自単独で債務者に対し、自己に全部の給付をすべき旨の請求ができます。例えば、複数の相続人が賃貸人の地位を承継している場合に、賃貸借契約の終了を原因とする家屋明渡請求権は不可分債権に属し、各相続人はすべての相続人のために明渡しを請求することができると解されています。

　不可分債権が発生する場合について改正後民法では「債権の目的がその性質上不可分である場合」と規定しているため（改正後428条）、意思表示（当事者間の合意）による不可分債権の成立は基本的に認められないと解されます。

　連帯債権に関する改正後民法の規律は、更改・免除の絶対効（改正後433条）、混同の絶対効（改正後435条）を除き、不可分債権について準用されます（改正後428条）。以下、改正後民法上、連帯債権と不可分債権で取扱いが異なる点について説明します。

　債権者の一人と債務者との間に更改・免除があった場合については、

連帯債権の場合、その連帯債権者がその権利を失わなければ分与されるべき利益に係る部分については、他の連帯債権者は、履行を請求することができないのに対し、不可分債権の場合、他の不可分債権者は、引き続き債務の全部の履行を請求することができます（図参照）。そして、他の不可分債権者が債務の履行を受けた場合、更改または免除を行った不可分債権者がその権利を失わなければ分与されるべき利益を債務者に償還しなければならないとされています（改正後429条）。したがって、図の例では、A・B・CがXに対し、300の連帯債権を有している場合、AとXの間で更改または免除があったときには、B・CはXに対し、200の連帯債権を請求することができるのに対し、不可分債権を有している場合には、更改または免除があったときでも、B・CはXに対し、債権の全部の履行を請求できることになります。その上で、B・Cは、Aがその権利を失わなければ分与されるべき利益（債権の評価が300とすれば、100に相当する利益）をXに償還しなければなら

[連帯債権と不可分債権について更改・免除がなされた場合の違い]

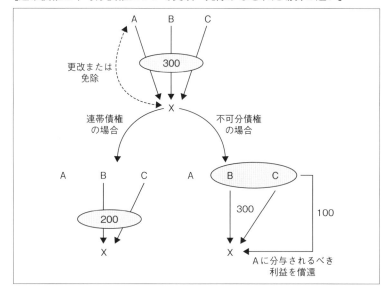

ないことになります。

また、債権者の一人と債務者との間に混同があった場合については、連帯債権の場合、債務者は、弁済をしたものとみなすのに対し、不可分債権の場合、他の不可分債権者は、引き続き債務の全部の履行を請求することができます。

2．不可分債務

不可分債務とは、不可分給付を目的として成立する債務で、債務者が複数いるものをいい、債務者の各自が独立して全部を給付すべき義務を負います。

従来、可分債務について、意思表示（当事者間の合意）により不可分債務とすることができると解されていました。しかし、改正後民法では、不可分債務が成立する場合が債務の目的が性質上不可分である場合に限定され、意思表示による不可分債務の成立が基本的に排除されます（改正後430条）。

また、改正後民法では、連帯債務に関する規定は、混同に関する規定（改正後440条）を除いて不可分債務について準用されます（改正後430条）。したがって、不可分債務を負う債務者について生じた事由の効力は、更改および相殺のみが絶対効、それ以外は相対効となります。

3．連帯債権

連帯債権とは、複数の債権者各人が有している債権で、多数の債権がすべて同一の給付の全部を内容とし、しかもその1つが弁済されると、他のものもすべて消滅するという関係にあるものをいいます。今回の改正前は明文で規定されていなかった連帯債権について、今回の改正により、「債権の目的がその性質上可分である場合において、法令の規定又は当事者の意思表示によって数人が連帯して債権を有すると

き」とその発生原因が明確にされました（改正後432条）。連帯債権を有する各債権者は、すべての債権者のために全部または一部の履行を請求することができ、債務者はすべての債権者のために各債権者に対して履行をすることができます。

その他に連帯債権で絶対効が認められる事由は、更改・免除、相殺、混同です（改正後433条～改正後435条）。これらの場合を除き、連帯債権者の一人の行為または一人について生じた事由は、他の連帯債権者に影響を及ぼしません（改正後435条の2本文）。もっとも、任意規定であるため、異なる特約をすることは可能です（同条ただし書）。

4．不動産賃貸借の実務への影響

不可分債権、不可分債務および連帯債権が不動産賃貸借で問題となる場面は必ずしも多くなく、今回の改正による変更点も限られているため、今回の改正が不動産賃貸借の実務へ及ぼす影響は限られていると思われます。

5．附則について

改正法の施行日前に生じた不可分債権（その原因である法律行為が施行日前にされたものを含みます。）は、従前どおり取り扱われます（附則20条1項）。不可分債務および連帯債権についても同様です（附則20条2項・3項）。

6 定型約款

Q18　定型約款①

定型約款とは、どのようなものですか。

A　定型約款は、多数の人々にとって財やサービスが画一的に提供される取引、提供される財やサービスの性質や取引態様から、多数の相手方に対して画一的な内容で契約を締結することが要請される取引などにおいて用いられる契約の条項の総体をいいます。その具体例としては、鉄道・バスの運送約款、コンピュータ・ソフトウェアの利用規約などが挙げられます。改正後民法において、定型約款とは「定型取引において、契約の内容とすることを目的としてその特定の者により準備された条項の総体」と定義されています。

1．現代社会における約款

　鉄道・バス・航空機等の利用、預金取引、保険取引など、日常生活では、個別具体的な条件を逐一確認することなく契約を締結することが行われています。このように事業者（上記の例でいえば、鉄道会社、バス会社、航空会社、銀行、保険会社等）が多数の者と取引を円滑に行うためにあらかじめ用意した定型化された契約条件のことを、一般に「約款」と呼んでいます。
　「人は自らの約束（意思）に基づいてのみ拘束される」という伝統的な考え方からすれば、内容を了知していない約款に当事者がなぜ拘束されるのかは、必ずしも明らかではないと考えられていました。もっとも、現代社会は約款なしでは成り立たず、約款の必要性および有用性は明らかといえます。昨今のインターネットを利用した取引の普及

もあり、約款をめぐるルールの明確化が一層求められるようになりました。

こうした背景を踏まえ、改正後民法では、約款のうち一定のものを「定型約款」と定義し、定型約款に関する一般的な規律を明文化してルールの明確化を図っています。なお、約款に関する規定としては、改正後民法のほか、約款に関する規定を有する業法等にも留意する必要があります。

2．定型約款とは

(1) 定型約款の定義

定型約款とは「定型取引において、契約の内容とすることを目的としてその特定の者により準備された条項の総体」をいいます（改正後548条の2第1項）。ここにいう定型取引とは「ある特定の者が不特定多数の者を相手方として行う取引であって、その内容の全部又は一部が画一的であることがその双方にとって合理的なもの」と定義されており（同項）、一般に交渉が行われず、相手方はそのまま受け入れて契約するか契約しないかの選択肢しか持たないという特色を有する取引が想定されています。

(2) 定型約款への該当性の判断要件

定型約款に該当するかどうかは、以下の要件をすべて満たすかどうかにより判断されることになります。

> ① 「不特定多数の者を相手方として行う取引」であること
> ② 「その内容の全部又は一部が画一的であることがその双方にとって合理的」であること
> ③ 「契約の内容とすることを目的としてその特定の者により準備された条項の総体」であること

① 「不特定多数の者を相手方として行う取引」であること

　この要件は、一定の集団に属する者との間で行う取引であれば直ちに該当しないというわけではなく、相手方の個性に着目せずに行う取引であれば「不特定多数の者を相手方として行う取引」に該当し得ると解されています。この点、労働契約は、相手方の個性に着目して締結されるものであり、労働契約において利用される契約書のひな形は定型約款に含まれないと解されています。

② 「その内容の全部又は一部が画一的であることがその双方にとって合理的」であること

　契約内容が画一的である理由が単なる交渉力の格差によるものであるときには、契約内容が画一的であることは相手方にとっては合理的とはいえないことから、この要件が設けられています。この要件を満たす取引としては、「(a)多数の相手方に対して同一の内容で契約を締結することが通常であり、かつ、(b)相手方が交渉を行わず、一方当事者が準備した契約条項の総体をそのまま受け入れて契約の締結に至ることが取引通念に照らして合理的である取引―交渉による修正の余地のないもの―」がこれに当たると解されています（潮見佳男『民法（債権関係）改正法の概要』（きんざい、2017）225 頁）。

③ 「契約の内容とすることを目的としてその特定の者により準備された条項の総体」であること

この要件に関しては、「契約の内容とすることを目的として」準備されたものであることが必要とされています。そのため、一方当事者が契約のたたき台として作成したものなど、後日の交渉により修正されることが予定されているものは、この要件を満たしません。

　以上の各要件をすべて満たせば、「定型約款」に該当することとなります。このことは、事業者と個人の間の取引でも、事業者間の取引でも変わるところはないと解されます。どういった契約が「定型約款」に当たるかについては、今後の裁判例や学説の蓄積が期待されます。

Q19　定型約款②

定型約款に関するルールを教えてください。

A　定型約款の合意、定型約款の内容の表示および定型約款の変更に関して、新たに明文の規定が設けられます。

1. 定型約款の合意

(1) 定型約款の個別の条項について合意をしたものとみなされる場合（みなし合意）

改正前民法では約款が当事者を拘束する根拠について明文規定を欠いていましたが、改正後民法では、以下の①または②の要件を満たす場合、定型取引を行うことの合意をした者は、定型約款の個別の条項についても合意をしたものとみなすこと（みなし合意）が規定されます（改正後548条の2第1項）。なお、定型取引、定型約款の意味については**Q18**を参照してください。

> ① 定型約款を契約の内容とする旨の合意をしたとき。
> ② 定型約款を準備した者があらかじめその定型約款を契約の内容とする旨を相手方に表示していたとき。

まず、①の合意または②の表示がなされる前提として、定型取引を行うことの合意（以下、改正後民法にならい「定型取引合意」といいます。）が必要となります。要件①について、「定型約款を契約の内容とする旨の合意」とは、定型約款を契約の内容に組み入れることの合意を意味します。

要件②について、定型約款を準備した者（以下「定型約款準備者」と

いいます。）があらかじめその定型約款の内容を相手方に表示することは求められていません。そのため、定型約款の内容を示さなくても、定型約款を契約の内容とする旨を相手方に表示しておけば、原則として定型約款の個別の条項について合意したとみなされることになります。もっとも、相手方は開示請求をすることができ、定型約款準備者が定型取引合意の前において相手方からの開示請求を拒んだ場合には、上記の定型約款の合意に関する規定は適用されないことに留意が必要です。

なお、上記②の表示が困難である一定の取引については、特別法により、定型約款準備者が定型約款を契約の内容とする旨を表示しなくても、その旨を公表する措置を取れば、当事者がその定型約款の個別の条項について合意をしたものとみなされることがあります（例えば、整備法による改正後の鉄道営業法18条ノ2など）。

(2) みなし合意の例外

たとえ上記(1)①または②の要件に該当する場合であっても、信義則（権利の行使および義務の履行は、信義に従い誠実に行わなければならないという民法の原則）に反するような定型約款の条項については、みなし合意は認められません。すなわち、「（定型約款）の条項のうち、相手方の権利を制限し、又は相手方の義務を加重する条項であって、その定型取引の態様及びその実情並びに取引上の社会通念に照らして第1条第2項に規定する基本原則（信義則）に反して相手方の利益を一方的に害すると認められるもの」（かっこ内は筆者による。）については、合意をしなかったものとみなされます（改正後548条の2第2項）。この場合、契約の内容を具体的に認識しなくとも合意したものとみなされるという定型約款の特殊性を考慮した上で判断がなされます。

そのため、相手方にとって予測し難い条項が置かれている場合には、その内容を用意に知り得る措置を講じなければ、信義則に反すると判断される可能性が高まると考えられます。また、「（取引）の実情」や

「取引上の社会通念」の考慮に際しては、定型約款の条項そのもののみならず、取引全体に関わる事情を取引通念に照らして広く考慮されることとなります。さらに、ある条項がそれ自体では相手方にとって不利であっても、取引全体を見ればその不利益を補うような定めがあるのであれば、全体としては信義則に違反しないと考えられています。

　上記の規制の対象となる条項はいわゆる不当条項および不意打ち条項と呼ばれるものですが、衆議院および参議院の民法の一部を改正する法律案に対する附帯決議においては、定型約款に関する規定のうち、いわゆる不当条項および不意打ち条項の規制の在り方について、改正法施行後の取引の実情を勘案し、消費者保護の観点を踏まえ、必要に応じて対応を検討することが決議されています。

2. 定型約款の内容の表示

(1) 定型約款の内容の表示義務

　定型取引を行い、または行おうとする定型約款準備者は、定型取引合意の前または定型取引合意の後相当の期間内に相手方から請求があった場合には、遅滞なく、相当な方法でその定型約款の内容を示さなければなりません（改正後548条の3第1項本文）。ただし、定型約款準備者が既に相手方に対して定型約款を記載・記録した書面・電磁的記録を交付・提供していたときは、かかる請求に応じる義務はありません（同項ただし書）。

　定型約款の内容を示す「相当な方法」の例としては、定型約款を記載した書面を現実に開示することや定型約款が掲載されたインターネット上のウェブページを案内することなどが考えられます。また、相手方が開示請求を行うことができる「相当の期間」とは、契約が継続的なものである場合にはその終了から相当の期間を指すと考えられています。

(2) 表示義務違反の場合

　一時的な通信障害が発生した場合その他正当な事由がないのに、定型約款準備者が定型取引合意の前にされた相手方からの開示請求を拒んだときは、前記1．(1)の定型約款の合意に関する規定は適用されません（改正後548条の3第2項）。したがって、この場合には、たとえ相手方に対して定型約款を契約の内容とする旨を表示していたとしても定型約款の条項について合意したものとはみなされません。これは相手方が定型約款の内容を確認する機会を保障するものです。

3. 定型約款の変更

(1) 定型約款を変更する必要性

　約款を利用した契約関係では、法改正や社会の変化などにより多数の者との間で画一的に約款を変更する必要が生じることがあります。多くの場合、個々の相手方との間で契約内容を変更する合意を取得することは現実的でないため、約款の変更を行うことが実務上しばしば行われています。そこで、改正後民法においては、定型約款の変更に関する規定が設けられました。

(2) 定型約款の変更の要件

　定型約款準備者は、以下の場合には、定型約款の変更をすることにより、変更後の定型約款の条項について合意があったものとみなし、個別に相手方と合意をすることなく契約の内容を変更することができるとされます（改正後548条の4第1項）。

> ① 定型約款の変更が、相手方の一般の利益に適合するとき。
> ② 定型約款の変更が、契約をした目的に反せず、かつ、変更の必要性、変更後の内容の相当性、改正後548条の4の規定により定型約款の変更をすることがある旨の定めの有無およびその内容その他の変更に係る事情に照らして合理的なものであるとき。

　①は、相手方の「一般の」利益に適合することが求められるので、相手方の一部の利益に適合することでは足りないといえます。

　これに対し、②では、相手方の一般の利益に適合することが要件とされておらず、相手方に一定の不利益を与える場合でも、個々の相手方と個別の合意をすることなく定型約款準備者が定型約款を変更することを認めるものです。もっとも、定型約款の変更が不当なもの、あるいは相手方に対する不意打ちにならないように、改正後民法では上記の考慮要素が示されています。なお、定型約款に変更規定があるかは、あくまで考慮要素という位置づけであり、②による定型約款の変更の必要不可欠の条件とはされていません。

　上記の考慮要素は、施行日前の約款変更の効力が争われる場合にも参考になると考えられます。なお、衆議院および参議院の民法の一部を改正する法律案に対する附帯決議においては、定型約款準備者が定型約款における契約条項を変更することができる場合の合理性の要件について、取引の実情を勘案し、消費者保護の観点を踏まえ、適切に解釈、運用されるよう努めることが決議されています。

(3) 変更の周知措置など

　定型約款準備者は、定型約款の変更をするときは、①定型約款の変更が効力を発生する時期（効力発生時期）を定め、②(i)定型約款を変更する旨および(ii)変更後の定型約款の内容ならびに(iii)効力発生時期をインターネットの利用その他の適切な方法により周知する必要がありま

す(改正後548条の4第2項)。この点、改正後548条の4第1項第2号による定型約款の変更の場合は、(条文では1号の変更が除かれているため、)効力発生時期までに定型約款の変更を周知しなければ、定型約款の変更の効力は生じないこととされます(同条第3項)。

4. 改正法施行前に締結した契約の扱い

　約款の変更に関しては、改正法の施行前に締結した契約と改正法の施行後に締結する契約とで異なる規律に服することは必ずしも合理性があるとはいえないと考えられます。そこで、改正後民法の定型約款に関する規定は、施行日より前に締結された定型取引に係る契約についても原則として適用されます(新法主義)。

　また、定型約款に関する規定が、改正法の施行日より前に締結された定型取引に係る契約に適用されることにより、改正前民法の下で既に生じていた効力が覆されないように、改正前の規定によって生じた効力を妨げないと規定されています(附則33条)。

Q20　定型約款③

定型約款に関する今回の改正により、不動産賃貸借取引の実務にどのような影響があると思われますか。

> **A**　不動産賃貸借取引の実務では、定型化・標準化された契約条項が用いられることが少なくありませんが、定型約款に当たるものは少なく、その影響は限定的と考えられます。

1. 定型約款への該当性

(1) 定型約款への該当性の判断基準

　定型約款とは、ある特定の者が①不特定多数の者を相手方として行う取引であって、②その内容の全部または一部が画一的であることがその双方にとって合理的な取引（定型取引）において、③契約の内容とすることを目的としてその特定の者により準備された条項の総体をいいます（**Q18**を参照してください。）。賃貸借の実務で用いられる契約条項の中には、賃貸借約款など「約款」の名称が用いられているものもありますが、定型約款に該当するかどうかは、契約の名称ではなく、上記の要件を満たすかどうかにより判断されます。

(2) 定型約款に該当しないと考えられる例

　例として、不動産賃貸借の典型例である居住用の建物賃貸借契約については、賃借人の資力、属性などを審査した結果、契約締結を拒絶する場合も相応にあり、基本的に相手方の個性に着目した取引になりますので、(1)①の「不特定多数」の者との取引という要件を満たしていないことが通常といえます。また、賃貸借契約の条項を一切修正することなく、そのまま締結することが事実上見受けられるとしても、

賃借人が賃貸人から提示された契約条項をそのまま受け入れることが取引通念に照らして合理的であるとまではいえず、(1)②の「その内容の全部または一部が画一的であることがその双方にとって合理的な取引」という要件も満たしていないことが通常といえます。

このように、不動産賃貸借取引の実務では、契約当事者の個性や物件の特色が重視されるため、賃貸借契約のひな形が定型約款に該当することは必ずしも多くないと考えられます。

(3) 定型約款に該当し得る例

他方で、定型約款に該当し得る契約条項の例としては、(賃貸借契約に該当するか争いがあるものの、) 例えば、時間貸し駐車場の利用約款が考えられます。時間貸し駐車場の利用約款は、(1)①不特定多数の者との取引で用いられ、また(1)②駐車場を利用する場合、契約の内容が画一的であることが通常であり、かつ、相手方がそこで準備された契約条項についてその変更を求めるなどの交渉を行わないで契約を締結することが、取引通念に照らして合理的であると評価できる余地があると思われます。したがって、駐車場の運営者が準備した条項の総体である ((1)③) 駐車場利用約款は、定型約款に該当し得ると考えられます。

また、大規模な建物の多数に上る各居室の賃貸借契約について、契約内容を画一的なものにすることにより賃貸人側が利益を享受する場合には、例外的に、そのひな形が定型約款にあたる場合があると考えられています（『一問一答』246頁）。

2．今回の改正による影響

以上のとおり、不動産賃貸借取引で定型約款の規律が適用される場面は少なく、今回の改正で定型約款の規律が設けられることによる実務上の影響は限定的と考えられます。とはいえ、不動産賃貸借取引についても定型約款の規律が適用される可能性は一応あり得ることから、

そうした可能性がある取引との関係では、例えば以下の措置を講じることが考えられます。

(1) 定型約款を契約の内容とする旨の表示

改正後民法では、「定型約款を契約の内容とする」旨の表示を行わなければ、原則として当事者が定型約款について合意をしたとはみなされません。そのため、「定型約款を契約の内容とする」旨の表示が、相手方に認識されやすい方法でなされているよう留意する必要があります。

(2) 定型約款の開示

改正後民法では、相手方から請求があった場合に定型約款を開示する必要があるため、定型約款を利用して取引をする者は開示請求を受ける可能性があります。そこで、開示請求を受けた場合に円滑に開示することができるよう準備を整えておくことが考えられます。

(3) 定型約款の内容

改正後民法では、定型約款のうち信義則に反するような一定の条項については当事者の合意が認められないことが明記されています。そこで、用いている定型約款の内容について、相手方の利益を一方的に害するような条項がないか改めて検討しておくことが望ましいといえます。

(4) 定型約款の変更規定

改正後民法では、定型約款の変更が認められるための考慮要素の1つとして、定型約款における変更規定の有無および内容が示されています。もっとも、変更規定を欠く定型約款であっても改正後民法の規定に基づいて定型約款を変更することは可能と解されているものに、こうした変更規定がある場合には、一般に変更が許容されやすくなる

と考えられます。そこで、定型約款を将来変更する予定がある場合には、変更規定の有無について確認した上で、変更規定がないか、または改正後民法の規定に則したものとなっていない場合には、改正後民法の規定に則した変更規定を整備しておくことが考えられます。

7 民法のルールと異なる特約に伴う留意事項

Q21　任意規定と異なる特約

今回の改正を受け、民法の任意規定と異なる特約をする場合に、どのような点に留意すべきでしょうか。

A　今回の改正を受け、民法の任意規定と異なる特約をする場合に、新たに留意すべき点は特にありません。改正前民法下と同様に、事業者と消費者との間の契約については、消費者契約法10条の適用により、任意規定と異なる特約の効力が否定されるリスクがあることに留意する必要があります。

1. 今回の改正と民法の任意規定と異なる特約

契約を締結する場合、当事者は、民法の任意規定と異なる特約をすることができます（民法91条）。このことは、今回の改正前後で異なるところはありません。民法中のいずれの規定が任意規定かについて、民法は基本的に明文の定めを置いていませんので、条文の文言や趣旨などを踏まえて判断することになると考えられます。

もっとも、任意規定と異なる特約にも一定の限界があります。公序良俗に反することはできませんし（改正後90条）、公序良俗に反しない場合であっても、事業者と消費者（個人）との契約では消費者契約法が適用され、消費者契約法の適用により、その条項の一部の効力が制限されることがあります。賃貸借取引では、賃貸人が事業者、賃貸人が個人の場合が多く、そうした取引については、基本的に消費者契約法の規定が適用されますので（消費者契約法2条）、任意規定と異なる特

約をする場合、(改正前民法下と同様に) 消費者契約法の適用の結果、契約書の条項どおりの効力が生じない可能性があることに留意する必要があります。

2．消費者契約法の適用による変容

賃借人が消費者である場合、例えば以下のように、消費者契約法に基づき、賃貸借契約中の一定の条項について、その内容の不当性を根拠として、条項の効力が制限されることがあります。

(1) 消費者が支払う損害賠償の額を予定する条項等の規制（消費者契約法9条）

①消費者契約の解除に伴う損害賠償額等を予定する条項や、②消費者契約において消費者が契約に基づく金銭の支払いを遅滞した場合の損害賠償額等を予定する条項は、消費者契約法9条に基づき、一定の場合にその効力が制限される可能性があります。

> ＜消費者契約法9条＞
>   次の各号に掲げる消費者契約の条項は、当該各号に定める部分について、無効とする。
>   一　当該消費者契約の解除に伴う損害賠償の額を予定し、又は違約金を定める条項であって、これらを合算した額が、当該条項において設定された解除の事由、時期等の区分に応じ、当該消費者契約と同種の消費者契約の解除に伴い当該事業者に生ずべき平均的な損害の額を超えるもの　当該超える部分
>   二　当該消費者契約に基づき支払うべき金銭の全部又は一部を消費者が支払期日（支払回数が2以上である場合には、それぞれの支払期日。以下この号において同じ。）までに支払わない場合における損害賠償の額を予定し、又は違約金を定める条項であって、これらを合算した額が、支払期日の翌日からその支払をする日まで

> の期間について、その日数に応じ、当該支払期日に支払うべき額から当該支払期日に支払うべき額のうち既に支払われた額を控除した額に年14・6パーセントの割合を乗じて計算した額を超えるもの　当該超える部分

(2) 消費者の利益を一方的に害する条項の規制（消費者契約法10条）

任意規定（つまり、法令中の公の秩序に関しない規定）の適用による場合に比して消費者の利益を一方的に害する特約は、消費者契約法10条に基づいて、無効となる可能性があります。

> <消費者契約法10条>
> 　消費者の不作為をもって当該消費者が新たな消費者契約の申込み又はその承諾の意思表示をしたものとみなす条項その他の法令中の公の秩序に関しない規定の適用による場合に比して消費者の権利を制限し又は消費者の義務を加重する消費者契約の条項であって、民法第1条第2項に規定する基本原則に反して消費者の利益を一方的に害するものは、無効とする。

消費者契約法10条を根拠として、例えば以下のような条項について、その有効性が争われることがあります。

> ①　通常損耗補修特約
> 　　一般には、賃貸借契約の終了時に、賃貸物件の通常の使用に伴い生じた損耗について賃借人において原状回復させる義務を負わせる条項。
> ②　礼金特約
> 　　一般には、賃貸借契約時に、賃借人から賃貸人に一定の金銭を礼金として支払わせた上、賃貸借契約が終了しても当該金銭を賃借人に返還することを要しないとする条項。

③ 敷引特約
　　一般には、賃貸借契約の終了時に、賃貸借契約に際して賃借人に差入れさせた敷金のうち、一定額を控除し、これを賃貸人が収受できるとする条項。
④ 更新料特約
　　一般には、賃貸借契約の期間が満了し、契約を更新する際に、賃借人から賃貸人に一定の金銭を支払う義務を負わせる条項。

　これらの条項が消費者契約法10条で無効とされる場合があるか、また、そのような可能性があるとして、どのような条件下で無効とされるか、といった事項については、本書の目的とするところではありませんが、留意すべきは、今回の改正により賃貸借の規定が全般に整備され、賃貸借に関する民法上の任意規定が充実していることです。例えば、賃借人の原状回復義務（改正後621条）や敷金（改正後622条の2）に関する規定は、今回の改正による新たな任意規定といえます。

　裁判所は、改正前民法下でも、消費者契約法10条にいう任意規定には、明文の規定だけでなく、一般的な法理等も含まれる前提（更新料特約に関する、最判平成23・7・15民集65巻5号2269頁）で同条の適用可能性を判断してきました。その意味で、民法上の明文の任意規定がない事項についても、同条は活用されてきたといえますが、今回の改正で賃貸借に関する民法上の任意規定が充実したことにより、消費者契約に該当する賃貸借契約においては、そうした任意規定を参照しつつ同条を根拠とする無効主張がなされる場合が多くなることが見込まれます。

　このように、今後、賃貸借契約の条項を検討するにあたっては、それぞれの条項が民法の任意規定と異なる内容となるか、また、民法の任意規定が適用される場合と比べてどの程度消費者の利益を害することになるか、より慎重に検討しておく必要があると考えられます。

Ⅲ

賃貸借契約の主な条項への影響

1 賃料に係る条項──一部滅失による減額請求を含めて

Q22 賃借物の一部が滅失した場合の賃料の取扱い

賃借物の一部が滅失した場合の賃料の取扱いはどう変わりますか。

A これまでは、賃借物の一部が賃借人の過失によらないで滅失した場合、賃料は、賃借人の請求によってはじめて減額されることとされていましたが、今回の改正により、賃借人の請求がなくても当然に減額されることになります（改正後611条1項）。

1. 改正の趣旨・内容

　改正前611条1項は、賃借人の過失によらないで賃借物の一部が滅失したときは、賃借人は、その滅失した部分の割合に応じて賃料の減額を「請求することができる」と定めています。従来の危険負担の原則によれば、滅失部分の賃料債務は当然に消滅することになりますので（改正前536条1項）、改正前611条1項は危険負担の特則として位置付けられていました。

　しかし、賃料は、賃借物の使用収益の対価であり、賃借人が賃借物の一部の使用収益をすることができなくなった場合には、その対価としての賃料も当然にその部分の割合に応じて発生しないと考えられます。そこで、今回の改正において従来の規定が改められ、今後は、賃借人の責めに帰することができない事由により賃借物の一部が滅失したときは、賃借人の請求を待たずに滅失した部分の割合に応じて当然に賃料が減額されることとなります。

また、改正前611条1項では、請求により賃料の減額が認められるのは賃借物の「滅失」の場合に限定されているところ、改正後611条1項では、広く「滅失その他の事由により使用及び収益をすることができなくなった場合」に変更されます。

なお、賃借人に帰責事由がないことについての立証責任は、改正後も賃借人が負います。これは、目的物は賃借人の支配下にあり、賃借人に帰責事由があるかどうかは、通常、賃貸人が把握することができないことを考慮したものです。

2．実務上の影響

(1) 減額事由が拡張されたことによる影響

従来から「滅失」とは物理的滅失よりも広く解釈されていましたが、文言上の限界もあり、下級審裁判例では、建物利用上の機能の一部が失われるに至った場合に改正前611条1項を類推適用する例などが見られました（東京地判昭和45・5・18判時608号151頁）。

今回の改正で、賃料の減額事由が広く「使用及び収益をすることができなくなった場合」とされ、従来の通説的な見解が明文化されたことにより、今後は、例えば、震災によって賃貸物件のライフラインが停止したことなどにより、建物自体の効用は一応維持しているものの使用収益が大幅に制限される場合などにおいても、改正後611条1項を直接適用して賃料の減額が認められることになるものと考えられます。

(2) 当然に減額されることによる影響

改正前民法の下でも、賃借人の減額請求の効果は滅失のときまで遡及すると解されていますので、減額が認められる場合の法的な効果について大きな変更はありません。

もっとも、従来は、賃借人の方から積極的に請求権を行使しない限

り賃料は減額されなかったのに対し、今後は、要件を満たせば当然に減額されることになります。

　したがって、賃借人にとっては、賃料減額のハードルが下がるとともに、震災で賃貸人が行方不明になった場合など、これまで減額請求権を行使することが事実上困難であるために賃料が減額されなかった場面で、賃料減額の法的効果を享受することができます。また、賃料の当然減額に起因して、賃借人から賃貸人に対する過払賃料の返還請求等が増えることも予想されます。他方で、賃貸人にとっては、自分の把握していないところで賃料が自動的に減額されることになるため、賃借人が減額した賃料を支払ってきたことに対して納得がいかない場合は、賃貸人の方から積極的に差額分の賃料支払請求をする必要があります。例えば、賃貸人としては賃借人において通知義務（民法615条）を履行していれば、修繕の上従前の賃料を請求できた等の主張をすることも考えられます。

　実務的には、改正後611条1項によって、要件を満たせば当然に賃料が減額されるとはいえ、減額されるのは使用収益することができなくなった部分の割合に応じた額であり、それが幾らであるかの判断は難しく、一義的に明らかではありません。そのため、賃借人において減額請求権を行使することが事実上困難となるような例外的な場面を除けば、賃借物の一部が使用収益できなくなった場合の賃貸人・賃借人間の賃料減額に係る交渉・紛争は、今後も同じように生じ得るものと考えられます。

　したがって、賃貸人の立場に立てば、賃貸借契約書において、賃貸借物件の一部が滅失その他の事由により使用収益をすることができなくなった場合には、賃料について協議する旨をあらかじめ定めておくことが考えられます。具体的な規定例については、巻末の「建物賃貸借契約の書式の見直し案」をご参照ください。

3. 改正後民法の適用に関する経過措置

　施行日前に賃貸借契約が締結された場合における当該賃貸借契約およびこれに付随する特約については、改正後民法の適用はありません（附則34条1項）。

Q23 賃借人の帰責事由により賃借物の一部が滅失した場合の取扱い

賃借人の帰責事由により賃借物の一部が滅失した場合、賃借人は賃貸借契約を解除することができますか。

A 残存する部分のみでは賃借人が賃借をした目的を達することができないときは、賃借物の一部滅失について賃借人に帰責事由がある場合でも、賃借人は賃貸借契約を解除することができます。

1. 改正の趣旨・内容

　改正前611条2項は、賃借物の一部が賃借人の過失によらずに滅失した場合（改正前611条1項）において、残存する部分のみでは賃借人が賃借をした目的を達することができないときに、賃借人に解除権を認めています。つまり、賃借物の一部が滅失した場合に、賃借人からの解除が認められるためには、当該滅失が賃借人の帰責事由に基づくものでないことが必要とされていました。

　しかし、賃借物の一部が滅失するなどの事情により賃借物の一部につき使用収益をすることができなくなった場合において、残存する部分のみでは賃借人が契約をした目的を達することができないときは、賃借人の帰責事由の有無を問わず、賃貸借関係を終了させ、この場合の賃貸人の不利益は損害賠償請求で対処することとするのが相当であると考えられます。そこで、今回の改正において従来の規定が改められ、賃借物の一部が滅失するなどの事情により使用収益できなくなった場合で、残存する部分のみでは賃借人が賃借をした目的を達することができないときは、賃借人の帰責事由の有無を問わず、賃借人に解除権が認められることとなります。

　なお、改正前611条2項では、賃借人から契約を解除することが認

められるのは賃借物の「滅失」の場合に限定されていますが（改正前611条1項参照）、改正後611条2項では、広く「滅失その他の事由により使用及び収益をすることができなくなった場合」に変更されます。これは、賃借物の一部滅失による賃料の減額が認められるのが、賃借物の「滅失」の場合（改正前611条1項）から「滅失その他の事由により使用及び収益をすることができなくなった場合」（改正後611条1項）に変更されることに合わせたものです。

2. 実務上の影響

　従来は、賃借物の一部の滅失について賃借人に過失がある場合には、賃借人の方から賃貸借契約を解除することはできませんでした。例えば、建物の賃借人がタバコの不始末で賃借建物の3分の2を燃やしてしまった場合、賃借人に過失があるため、賃借人から賃貸借契約を解除することはできず、危険負担の規定（改正前536条2項）によれば賃借人の賃料債務は存続することになります。しかしながら、今後は、このような場合において、残存する部分のみでは賃貸借契約の目的を達成できない場合には、賃借人は自ら賃貸借契約を解除することができますので、賃貸人にとっては、従来よりも賃借人から賃貸借契約を解除される場面が広がることが予想されます。ただし、「その他の事由により使用及び収益をすることができなくなった場合」に具体的にどのような事例が含まれるかについては解釈に委ねられており、裁判例の集積が待たれることになります。

　なお、賃借物の一部の滅失について賃借人に過失がある場合に、改正後611条2項に基づき賃借人から賃貸借契約を解除されることによる賃貸人の不利益は、債務不履行に基づく損害賠償請求で対応することになります。

3. 改正後民法の適用に関する経過措置

　改正法の施行日前に賃貸借契約が締結された場合における当該賃貸借契約およびこれに付随する特約については、改正後民法の適用はありません（附則34条1項）。

2 敷金に係る条項

Q24　敷金に係る条項①

敷金に関する条項が新設されるそうですが、どのような内容ですか。これまでの不動産賃貸借実務における敷金の取扱いを変更する必要はありますか。

A　改正前民法には敷金の定義、敷金返還の時期、敷金により担保される債務の範囲等を規定する条文はありませんでしたが、今回の改正により、敷金の定義、敷金返還の時期、敷金により担保される債務の範囲および債務の充当の方法等が明文化されます。

　まず、敷金の定義については「いかなる名目によるかを問わず、賃料債務その他の賃貸借に基づいて生ずる賃借人の賃貸人に対する金銭の給付を目的とする債務を担保する目的で、賃借人が賃貸人に交付する金銭をいう」と明記して、敷金により担保される債務の範囲を含む形で明文化され（改正後622条の2第1項）、敷金の返還時期については「賃貸借が終了し、かつ、賃貸物の返還を受けたとき」（同項1号）および「賃借人が適法に賃借権を譲り渡したとき」（同項2号）と明記されます。

　さらに、債務の充当の方法については、賃貸借の終了および適法な賃借権の譲渡の場合には賃貸人は賃貸借に基づいて生じた賃借人の賃貸人に対する金銭債務を控除した残額を返還する（改正後622の2第1項）と明記され、賃貸中については、賃貸人は、賃借人が賃貸借に基づいて生じた金銭債務を履行しないときは、敷金をその債務の弁済に充てることができるのに対し、賃借人の側から敷金を債務の弁済に充てることを請求することはできないことが明記されます（同条第2項）。

　これらは、敷金に関する従来の判例や一般的な見解を明文化するものですので、これまでの不動産賃貸借実務における取扱いを変更する必要はありません。

1. 改正の趣旨・内容

　改正前民法には敷金の定義、法的性質、敷金返還の時期、敷金により担保される債務の範囲や債務の充当方法等について言及した条文はなく、これらについては様々な考え方があったところ、これまでに各論点について最高裁の判断が示されてきました。現在の不動産賃貸借実務において、概ね、これまでの判例に基づいて敷金の取扱いがなされているものと考えられます。今回の改正では改正後622条の2においては、敷金の定義、法的性質、敷金返還の時期、敷金により担保される債務の範囲や債務の充当方法等について、これまでの判例で示された考え方が明文化されます。

(1) 敷金の定義、法的性質

　まず、敷金の定義および法的性質については、「いかなる名目によるかを問わず、賃料債務その他の賃貸借に基づいて生ずる賃借人の賃貸人に対する金銭の給付を目的とする債務を担保する目的で、賃借人が賃貸人に交付する金銭をいう」と定義され（改正後622条の2第1項かっこ書）、敷金が賃貸借に基づいて生ずる賃借人の賃貸人に対する金銭債務を担保する性質であることが明記されます。

　不動産賃貸借実務においては、賃貸借に伴って、賃貸人と賃借人との間で、敷金、礼金、保証金、権利金など様々な名目で金銭の授受がなされ、これらが敷金に該当するか否かが争いとなることがありますが、これらの金銭が「賃料債務その他の賃貸借に基づいて生ずる賃借人の賃貸人に対する金銭の給付を目的とする債務を担保する目的」で授受される場合には、「いかなる名目によるかを問わず」敷金として取り扱われることとなります。

(2) 敷金の返還時期

　次に、敷金の返還時期については、賃貸借が終了したときとする終

了時説と賃貸借の目的物を返還したときとする明渡時説とがあり、判例（最判昭和48・2・2民集27巻1号80頁）は明渡時説を採っていましたが、今般の改正では「賃貸借が終了し、かつ、賃貸物の返還を受けたとき」（改正後622条の2第1項1号）に賃貸人には返還義務が発生するとしており、判例の明渡時説を採ることが明記されます。

また、改正後622条の2第1項2号では「賃借人が適法に賃借権を譲り渡したとき」が敷金の返還時期となることが明記されます。これは賃借権が適法に譲渡された場合には、敷金に関する権利義務関係は、特段の事情がない限り、新賃借人に承継されないとする判例（最判昭和53・12・22民集32巻9号1768頁）の考え方を明文化する趣旨と考えられます。

(3) 敷金により担保される債務の範囲

そして、敷金により担保される債務の範囲については、賃貸借の終了時までに発生する金銭債務に限られるとする考え方と、賃貸借終了後目的物の返還時（明渡時）までに発生する賃料相当損害金その他一切の金銭債務も含むとする考え方とがあり、判例（前記最判昭和48・2・2）は後者の考え方を採っています。今回の改正では「賃貸借に基づいて生じた賃借人の賃貸人に対する金銭の給付を目的とする債務」（改正後622条の2第1項柱書）とされ、この文言だけでは上記のいずれの考え方に立つのかは必ずしも明らかではありませんが、上記(2)のとおり敷金の返還時期について明渡時説を採ることが明記されることからすれば、上記判例と同様に賃貸借終了後目的物の返還時（明渡時）までに発生する賃料相当損害金その他一切の金銭債務を含むとする考え方を採るものと考えられます。

(4) 目的物の返還債務（明渡義務）と敷金返還債務の同時履行関係の有無

賃貸借における目的物の返還義務（明渡義務）と敷金返還債務が同

時履行の関係に立つかという点については争いがあり、判例（最判昭和49・9・2民集28巻6号1152頁）は同時履行の関係には立たないとして否定説を採っています。今回の改正では、この点について明記されていませんが、上記(2)のとおり明渡時説を採ることが明文化されること、上記(3)のとおり賃貸借終了後明渡完了までに生ずる賃料相当損害金その他一切の金銭債務が敷金により担保される債務の範囲であると解されることからすれば、今回の改正により目的物の返還債務が敷金返還債務に先行して履行され、両者は同時履行の関係には立たないという上記判例の考え方を変更するものではないと考えられます。

　一般的な不動産賃貸借の実務においては、賃貸借契約が終了し目的物の明渡しがなされた後に、賃貸人において未払賃料や精算を要する諸費用の有無、原状回復の要否や金額を検討し、これを敷金から控除した残額を賃借人に返還するという取扱いがなされており（いわゆる退室精算）、このような退室精算の協議や事務処理自体に相応の時間を要することから、目的物の明渡しと同時に敷金を返還することは物理的にも困難であると思われます。そのため、賃貸借契約上で「敷金は本物件を賃借人が完全に明渡し、本契約に基づく一切の義務を履行し、かつ退室立会後○日以内に賃貸人から賃借人に返還する。」といった定めをおいて敷金返還の具体的な時期や手順を明記するという取扱いがなされていました。今回の改正においても目的物の返還債務と敷金返還債務が同時履行の関係に立つか否かについて明記されていないことから、賃貸借契約上で敷金返還の具体的な時期や手順を明記しておくことは有益であると考えられます。

(5) **債務の充当の方法**

　債務の充当方法については、賃貸借終了の際、賃借人に賃料不払等の不履行のあるときは、その金額を差し引いて賃借人に支払われる、契約存続中は、敷金による被担保債権の当然充当は行われないが、賃貸人は充当をなすことができる（大判昭和5・3・10大民集9巻253頁）、

これに対し賃借人は敷金をもって債務に充当することを請求する権利を有しないとされています（最判昭和45・9・18集民100号453頁参照）。今回の改正では、このような考え方を明文化する形で、賃貸借の終了および適法な賃借権の譲渡の場合には賃貸人は賃貸借に基づいて生じた賃借人の賃貸人に対する金銭債務を控除した残額を返還する（改正後622条の2第1項）と明記され、賃貸借契約継続中については、賃貸人は、賃借人が賃貸借に基づいて生じた金銭債務を履行しないときは、敷金をその債務の弁済に充てることができるのに対し、賃借人の側から敷金を債務の弁済に充てることを請求することはできないことが明記されます（同条第2項）。賃貸人としては継続中に充当して敷金の額が減少したときに備えて賃貸借契約中に敷金の追加差入義務を定めておくことが望ましいです。

2. 実務上の影響（不動産賃貸借実務における取扱い変更の要否）

このように、今般の改正は、敷金に関する従来の判例や一般的な見解を明文化するものですので、これまでの不動産賃貸借実務における敷金の取扱いを変更する必要はありません。

3. 改正後民法の適用に関する経過措置

改正法の施行日前に賃貸借契約が締結された場合における当該賃貸借契約およびこれに付随する特約については、改正後民法の適用はありません（附則34条1項）。

Q25　敷金に係る条項②

保証金、礼金・権利金についても、敷金のルールは適用されるのでしょうか。

A　改正前民法には敷金の定義、敷金返還の時期、敷金により担保される債務の範囲等を規定する条文はありませんでしたが、今回の改正により、敷金の定義、敷金返還の時期、敷金により担保される債務の範囲、債務の充当の方法等が明文化されます。
　保証金、礼金・権利金については、当然にこれらの敷金のルールが適用されるわけではなく、こうした金銭が交付された趣旨や目的に照らして、敷金にあたるか否かが事案ごとに判断され、敷金にあたる場合にはこれらのルールの適用を受けることになります。

　不動産賃貸借においては、賃貸借の成立時に保証金や礼金・権利金といった一時金が交付されることが少なくありませんが、これらの一時金について法令上の定義があるわけではありません。
　こうした金銭が交付される趣旨は様々であり、①賃借権の設定に対する対価、②営業上の利益に対する対価、③賃料の一部前払いなどに分類して趣旨を理解することが一般的です。
　この点、改正後民法は、敷金を「いかなる名目によるかを問わず、賃料債務その他の賃貸借に基づいて生ずる賃借人の賃貸人に対する金銭の給付を目的とする債務を担保する目的で、賃借人が賃貸人に交付する金銭」と定義しています（改正後622条の2第1項かっこ書）。その上で、改正後民法では、①敷金により担保されるのは賃貸借に基づいて生じた賃借人の賃貸人に対する金銭債務であること（同項柱書）、②賃貸借の終了および適法な賃借権の譲渡の場合には賃貸人は賃貸借に基づいて生じた賃借人の賃貸人に対する金銭債務を控除した残額を返還すべきこと（同項）、③賃貸人は、賃借人が賃貸借に基づいて生じた

金銭債務を履行しないときは、敷金をその債務の弁済に充てることができること（同条第2項前段）、④これに対し、賃借人の側から敷金を債務の弁済に充てることを請求することはできないこと（同項後段）が明記されます。

　上記の定義から明らかなとおり、敷金のルールが適用されるためには必ずしも「敷金」という名目で交付されることは必要ではありませんが、対象となる金銭が「賃貸借に基づいて生ずる賃借人の賃貸人に対する金銭の給付を目的とする債務を担保する目的」で交付されるものでなければなりません。

　したがって、保証金、礼金・権利金について当然に敷金のルールが適用されるわけではなく、そうした金銭が交付された趣旨や目的に照らして、敷金にあたるか否かが事案ごとに判断されることになります。また、交付された金銭の一部分が敷金にあたる場面もあり得ます。

　そして、上記の定義が従来の判例や一般的な見解を踏まえたものである以上、今回の改正により実務が変更されるものではないと解されます。この点、保証金の名目で交付される金銭が敷金に該当するケースは相応にあると思われる一方、礼金・権利金については担保目的を欠き、従来の判例においても返還請求を認めることを原則としておらず（最判昭和29・3・11民集8巻3号672頁、最判昭和43・6・27民集22巻6号1427頁）、一般に、敷金のルールが適用される例は多くないと考えられます。

Q26　敷金に係る条項③

今回の改正は、いわゆる敷引特約の有効性に影響はあるでしょうか。

A　今回の改正が敷引特約の考え方に特に影響を及ぼすものではないと考えられます。

1．敷引特約の有効性に関する判例

賃貸借契約には、契約終了時に敷金のうち一定額または一定割合を返還しない旨の特約（いわゆる敷引特約）が付されることがあります。これは主として損耗の修繕費としての性質のほか、空室損料、賃料の補充や前払、礼金などの性質を有するともいわれています。実務的には関西地方で敷引特約が付されることが多いといわれており、一定額または一定割合を返還しない旨の特約のほかにも、契約の存続期間や期間満了による終了か否かなどに応じて敷引金額が変動する旨の特約もあります。

こうした敷引特約の効力については、賃貸借契約に関する特約であり原則として有効と解されています。

しかしながら、賃貸借契約が消費者契約に該当する場合、平成28年改正前消費者契約法10条が「民法、商法……その他の法律の公の秩序に関しない規定の適用による場合に比し、消費者の権利を制限し、又は消費者の義務を加重する消費者契約の条項であって、民法第1条第2項に規定する基本原則に反して消費者の利益を一方的に害するものは、無効とする」と規定していることから敷引特約の有効性が問題となり、判例上も、同条により無効となる場合があるとされています。

すなわち、判例は、消費者契約である居住用建物の賃貸借契約に付された敷引特約に関して「敷引特約が信義則に反して賃借人の利益を

一方的に害するものであると直ちにいうことはできない。もっとも、消費者契約である賃貸借契約においては、賃借人は、通常、自らが賃借する物件に生ずる通常損耗等の補修費用の額については十分な情報を有していない上、賃貸人との交渉によって敷引特約を排除することも困難であることからすると、敷引金の額が敷引特約の趣旨からみて高額に過ぎる場合には、賃貸人と賃借人との間に存する情報の質及び量並びに交渉力の格差を背景に、賃借人が一方的に不利益な負担を余儀なくされたものとみるべき場合が多いといえる。そうすると、消費者契約である居住用建物の賃貸借契約に付された敷引特約は、当該建物に生ずる通常損耗等の補修費用として通常想定される額、賃料の額、礼金等他の一時金の授受の有無及びその額等に照らし、敷引金の額が高額に過ぎると評価すべきものである場合には、当該賃料が近傍同種の建物の賃料相場に比して大幅に低額であるなど特段の事情のない限り、信義則に反して消費者である賃借人の利益を一方的に害するものであって、消費者契約法10条により無効となる」と述べています（最判平成23・3・24民集65巻2号903頁。なお、この事案は賃料の3.5倍程度の敷引額は高額に過ぎるとはいい難いと判断されたものです。）。

　また、賃貸借契約が消費者契約でないとしても、前述のとおり敷引金には様々な性質があることから、その性質に照らして当該事案における適用が否定される場合もあります。

　すなわち、判例には「災害により賃貸家屋が滅失し、賃貸借契約が終了したときは、特段の事情がない限り、敷引特約を適用することはできず、賃貸人は賃借人に対し敷引金を返還すべきものと解するのが相当である。けだし、敷引金は個々の契約ごとに様々な性質を有するものであるが、いわゆる礼金として合意された場合のように当事者間に明確な合意が存する場合は別として、一般に、賃貸借契約が火災、震災、風水害その他の災害により当事者が予期していない時期に終了した場合についてまで敷引金を返還しないとの合意が成立していたと解することはできないから、他に敷引金の不返還を相当とするに足り

る特段の事情がない限り、これを賃借人に返還すべきものである」として、災害により建物賃貸借が終了した場合に敷引特約の適用を否定したものがあります（最判平成10・9・3民集52巻6号1467頁）。

2. 今回の改正による影響

　今回の改正では、敷金が賃借人の賃貸人に対する金銭債務を担保する目的で交付されること（その債務の額を控除した残額が賃借人に返還されること）を明確にする定義規定が設けられましたが（改正後622条の2第1項柱書）、これは判例や従来の一般的な理解を踏まえたものであり、従来の敷引特約も、こうした敷金の性格を当然の前提とする特約であったと考えられます。したがって、今回の改正によって上記の判例をはじめとする敷引特約の考え方や実務に特に影響が及ぶものではないと解されます。

3 存続期間に係る条項

Q27　存続期間

賃貸借の存続期間は、どう変わりますか。実務にどのような影響があるでしょうか。

A　今回の改正により、賃貸借の存続期間の上限が20年から50年に変更されます。これにより、50年を上限として20年を超える存続期間の賃貸借契約を締結することが可能になります（改正後604条1項）。

　もっとも、建物の所有を目的とする土地の賃貸借や建物の賃貸借の存続期間については、従前どおり借地借家法3条または29条が適用され、改正後604条は適用されません。そのため、これらの賃貸借の存続期間については実務上の影響はありません。

1．改正の趣旨・内容

改正前604条1項では、賃貸借の存続期間は20年を超えることはできないとされていました。

改正前604条1項の下でも、建物の所有を目的とする土地の賃貸借や建物の賃貸借、または農地の賃貸借については、借地借家法または農地法によって改正前604条1項の適用が排除され、存続期間が20年を超えることが認められていました。しかし、経済活動の発展や多様化および技術進歩に伴う耐用年数の長期化などに伴い、借地借家法または農地法が適用されない不動産または動産についても、存続期間が20年間を超える賃貸借契約を締結したいというニーズが高まっていました。例えば、ゴルフ場の敷地や再生可能エネルギー発電事業等

の長期プロジェクトの事業用地の賃貸借、またはプラントや重機等のリースなどについても、20年間を超える存続期間を認めるのが望ましいという指摘がされていました。

　改正後604条1項は、上記のような指摘を踏まえ、賃貸借の存続期間の上限を50年に改めるものです（改正後604条1項）。

　検討の過程では、賃貸借の存続期間の上限を撤廃することも検討されましたが、あまりに長期にわたる賃貸借を認めると、目的物の所有権にとって過度な負担を課すおそれがあることが懸念され、永小作権の存続期間（民法278条）を参考に、50年が上限とされました。

2．実務への影響

　改正後604条1項により、50年を上限として、20年を超える存続期間の賃貸借契約を締結することができるようになります。これにより、ゴルフ場の敷地や長期プロジェクトにおける事業用地等の賃貸借またはプラントや重機等のリース、駐車場の賃貸借などについて、20年を超える存続期間の賃貸借契約を締結することが可能となるという実益があります。

　もっとも、実務の中で多く取り扱われている建物の所有を目的とする土地の賃借権や建物の賃貸借については、従前どおり、借地借家法3条または29条が適用され、改正後604条1項は適用されません。そのため、建物の所有を目的とする土地の賃借権や建物の賃貸借の存続期間については今回の改正による実務上の影響はなく、従前どおり上限はありません。

3．改正後民法の適用に関する経過措置

　改正後604条1項は、原則として施行日以後に締結される賃貸借契約に適用されます（附則34条1項）。もっとも、施行日前に締結された

賃貸借契約についても、施行日以後に契約の更新をする場合には、その存続期間について50年を上限とすることができます(附則34条2項、改正後604条2項)。

4 修繕に係る条項

Q28 賃貸人の修繕義務

賃貸人の修繕義務のルールは、どう変わりますか。実務にどう影響するでしょうか。

A 改正前606条1項が定める賃貸人の修繕義務は維持されますが、今回の改正により、賃借人に帰責事由がある場合に賃貸人が修繕義務を負わないことが明文化されます（改正後606条1項ただし書）。これにより、賃貸人の修繕義務の不履行が争われる案件等で、賃借人の帰責事由の有無が問題となるケースの増加が予想されます。

1. 改正の趣旨・内容

改正前606条1項は、賃貸人は賃貸物の使用および収益に必要な修繕をする義務を負う旨定めています。修繕すべき破損の原因が賃貸人にある場合はもちろんのこと、天災などの不可抗力により生じた場合にも、賃貸人にはこの修繕義務が発生すると解されています。

これに対して、賃借人の帰責事由により修繕を要する状態となった場合に賃貸人の修繕義務が生ずるかどうかについては従前解釈上の争いがありました。かつての通説は、この場合に賃貸人の修繕義務を肯定する一方で、賃借人に対する保管義務違反を理由とする損害賠償請求を認めていました。他方、近時の多数説は、賃貸人の修繕義務は発生せず、賃借人に対する損害賠償請求権のみが生じると解すべきとしています。

改正後民法では、公平の観点から、賃借人の責めに帰すべき破損の

場合にまで賃貸人に修繕義務を負わせるべきではないとして、改正前民法下における近時の多数説が明文化されます（改正後606条1項ただし書）。

　この改正は、賃借人の帰責事由の有無により権利義務の取扱いを異にしている他の論点の整理とも整合的です。すなわち、賃借人の帰責事由によらない賃貸物の損傷の場合には、①賃料は減額され、②賃借人が修繕したときには必要費償還請求権が発生し、③賃借人の原状回復義務は発生しません。一方、賃借人の帰責事由による損傷の場合には、①′賃料は減額されず、②′賃借人が修繕したときでも必要費償還請求権は発生せず、③′賃借人の原状回復義務は発生します（中間試案補足説明458頁）。改正後民法はこうした他の論点とも平仄を合わせる形で従来の解釈上の争いを整理しています。

2．実務上の影響と考えられる対応

(1)　賃借人の帰責事由の有無が問題とされやすくなる

　破損についての帰責事由が賃借人にある場合に賃貸人が修繕義務を負わない旨明文化されるため、賃貸物が破損した際の修繕義務の発生をめぐり、賃借人の帰責事由の有無に焦点を当てる形で問題になることが予想されます。具体的には、賃借人が賃貸人の修繕義務の不履行を理由とする損害賠償請求権を主張する場面において、賃貸人が賃借人の帰責事由による破損を主張して修繕義務の発生を争う場合等が考えられます。

　こうした事態に備えて、賃貸借当事者としては、賃貸借開始の時点における現況を十分に確認した上で記録化し、認識を共有することが考えられます。これにより、破損の指摘がなされた時点で当該破損が賃借人に由来するものか否かという点についての争いが生じにくくなる効果が期待できます。

　また、実際に破損が生じた場合に、当該破損が賃貸物を通常使用す

る中で発生し得るものなのか、あるいは、一定の故意過失が介在しなければ生じ得ないものなのかについての判断が求められる場面が出てくることが予想されます。こうした場面に対処するために、破損に関する日頃からの情報収集やその蓄積が、より一層有益になるものと思われます。

(2) 特約による賃貸人の修繕義務の免除

改正前606条は強行規定ではないため、有効な特約が合意されていれば賃貸人が修繕義務を免れることが認められます。この点については、改正後も変更はありません。

ここで、さらに進んで、賃貸人が修繕義務を免れた場合に賃借人が修繕義務を負うか否かについては、特約の趣旨の解釈の問題であり、個々の具体的事情を考慮して賃借人の義務の存否が判断されることになります。

もっとも、このような賃貸人の修繕義務を免除する特約を設けた場合であっても、賃貸人が賃貸物の保存のための修繕権限（民法606条2項）を失うものではありません。物件の価値を維持するために必要な修繕等を賃貸人自ら行うことは、改正の前後を問わず認められます。

3. 改正後民法の適用に関する経過措置

施行日前に賃貸借契約が締結された場合における当該賃貸借契約およびこれに付随する特約については、改正後民法の適用はありません（附則34条1項）。

Q29　賃借人の修繕権限

新設された賃借人の修繕権限とは、どのようなルールでしょうか。実務にどう影響するでしょうか。

A　今回の改正により賃借人の修繕権限とその具体的要件が明文化され、改正後607条の2には、①賃貸物の修繕が必要である場合において、賃借人が賃貸人に修繕が必要である旨を通知しまたは賃貸人がその旨を知ったにもかかわらず、賃貸人が相当の期間内に必要な修繕をしないときには、賃借人はその修繕をすることができる、②急迫の事情があるときには、あらかじめの通知をすることなく修繕できる、との定めが置かれます。
　一定の要件のもとで賃借人自ら修繕を行うことができ、それにより賃貸借の目的を達することが可能となるため、賃借人の立場を強化するものといえますが、具体的な修繕の場面における賃貸人・賃借人間のトラブルの増加も予想されます。

1．改正の趣旨・内容

賃借人の修繕権限については、これまでも、賃借人の賃貸人に対する必要費償還請求権を定める民法608条1項が、賃貸人が修繕義務を履行しない場合には賃借人自ら修繕する権限を有することを前提としていると解されていました。

今回の改正はこの点を明文化するとともに、賃貸物の修繕は他人の所有権への干渉となるものであるため、賃借人が自ら修繕し得る例外的な場合として、①賃借人が修繕の必要が生じた旨を賃貸人に通知し、または賃貸人がその旨を知ったにもかかわらず、賃貸人が相当の期間内に必要な修繕をしない場合および②急迫の事情がある場合を定め、賃借人が修繕をすることができる場面を具体化しました（改正後607

条の2)。逆に、これらの要件を欠くにもかかわらず賃借人が修繕を実施した場合には賃借人の債務不履行責任や不法行為責任が問題となります。なお、ここでいう相当の期間とは、通知を受けた賃貸人が破損等の状況を把握した上で修繕を実施するために通常必要な期間をいうものと解されます。

2. 実務上の影響と考えられる対応

(1) 賃借人の修繕権限を明文化しても残る問題

今回の改正により、賃借物に修繕の必要が生じた場合に一定の要件のもと賃借人に修繕権限が発生することが明文化されます。これを賃借人の側から見ると、賃貸人が必要な修繕を行わない場合には賃借人自ら修繕を実施して賃貸借の目的を達することができるようになるため、立場が強化されたということができます。

もっとも、賃借人の修繕権限が実際に問題になるものとして、例えば賃借人が賃貸人に対して必要費の償還を請求した場合において、賃貸人が、賃借人は修繕を実施するのに相当な期間が経過する前に修繕を強行したため修繕権限は発生しておらず、その結果賃貸人が実施しようとしていた修繕ができなかったことにより賃貸物には損害が発生したと主張して、反対に損害賠償請求するような場面が考えられます。あるいは、修繕権限が直接争点となるものではありませんが、賃借人が賃貸人に対して修繕義務の不履行に基づく損害賠償請求権の行使として修繕権限に基づく修繕に要した費用相当額を請求するのに対して、賃貸人から、賃借人が実施した修繕に要した費用は割高で賃貸人自ら手配すればもっと安く行うことができたとか、賃借人が実施した修繕は必要な範囲を超えた広範なものであり費用償還の認められる範囲を超えている、といった主張がなされることも考えられます。

実際に生じる破損等の状況は個別の事案によりまちまちであり、修繕についての考え方も賃貸人と賃借人との間で大きく異なるのが通常

であるため、改正後607条の2第1号が定める事前通知を行ったものの、当該事案における賃貸人と賃借人との間の相当な修繕についての認識のずれが埋まらない事態は容易に想定されます。

したがって、賃貸人としては、賃借人の修繕権限が明文化され賃借人の立場が強化される改正後においては特に、あらかじめ契約中に破損時の修繕等に関する事項を盛り込むととともに、破損等の発生時に主体的に関与することで、予測のつきにくい賃借人の修繕権限を行使させず、これに引き続いての費用償還請求権も行使させないようにすることが望ましいということができ、このことが修繕をめぐるトラブルの回避と賃貸物の資産価値の維持に繋がると思われます。

(2) 破損等の発生時におけるトラブルを回避するための方策

賃貸借当事者間で修繕に関するトラブルの発生を回避するためには、あらかじめ賃貸借契約書等において、以下の各事項について合意しておくことが考えられます。

① 賃貸人が修繕義務を負う破損等の範囲

賃貸物の通常の維持管理に要する費用は賃借人の負担とすることに加えて、賃貸人と賃借人との間で具体的な箇所や項目毎に修繕作業やその費用についての分担を定めておくことが考えられます。軽微な修繕にあたるものとして合意した事項については賃借人において修繕し、賃貸人への通知も要しないとする扱いも考えられます。

② 破損等発生時の通知義務

修繕を要する破損等が発生した場合の連絡について、(i)破損等が発生した場合には直ちに通知すること、(ii)通知の具体的内容、(iii)通知のフォーム、(iv)通知の宛先、(v)通知方法、(vi)通知が届かなかった場合の扱い、(vii)あわせて提出すべき資料等の事項を定めておくことが考えられます。

③　破損箇所の確認

　破損等の通知があった場合において、両当事者が立ち会い当該破損等を確認する具体的手順を定めておくことが考えられます。これにより破損内容を確認し記録化することや双方で認識を共有することが可能になります。

④　修繕の要否、修繕方法の決定

　③で確認した破損等について、修繕の要否や修繕が必要な場合の修繕内容は賃貸人が賃借人の意見も聞いた上で最終判断すること、修繕は賃貸人指定の業者により実施することを定めることが考えられます。判断権者を明確化することで迅速な対応が可能となり、業者を指定することで意に沿わない修繕作業によって物件価値が毀損するリスクを低減できます。

⑤　緊急対応としての修繕がなされた場合の処理

　通知を発することができない急迫の事情がある場合には、賃借人は当該事情に応じて必要となる修繕のみ実施できることとし、この場合は当該修繕終了後直ちに賃貸人に対して上記②に定める通知をしなければならない旨の規定を置くことが考えられます。当面必要な修繕を実施する一方で、これを超える範囲の修繕は賃貸人が主導的に進めることで物件価値の毀損を避けることができます。

⑥　その他の留意事項

　以上に加えて、賃貸借契約に定める手順に従って修繕がなされず賃借人が単独で修繕を実施した場合には、修繕費用が償還されないこと、不適切な修繕がなされたと賃貸人が判断した場合には、賃貸人から賃借人に対して事後的な処理に要した費用にかかる損害賠償を請求できることなどを決めておくことも考えられます。

賃貸人としては、賃貸借契約中にこうした定めを設けた上で、修繕すべき破損等が実際に発生した場合に速やかに状況を把握し、賃借人と適切なコミュニケーションをとった上で、賃貸人自ら主導的に修繕等を実施できる体制を整えることで、これらの合意事項を実のあるものにすることができます。

　他方、契約における工夫やそれを実現するための体制を構築することなく、専ら民法の規律のみが適用されるとすると、修繕の要否、相当期間の経過の有無、工事実施者の選定、修繕に要する費用、修繕内容等様々な点において、賃貸人・賃借人双方にとって予測しづらい状況が生じることが予想され、後日の紛争が懸念されます。

3．改正後民法の適用に関する経過措置

　施行日前に賃貸借契約が締結された場合における当該賃貸借契約およびこれに付随する特約について、改正後民法は適用されません（附則34条1項）。

Ⅳ

賃貸借契約の期間中の実務への影響

1 連帯保証──債務履行状況、失期時の情報提供、元本確定事由を含めて

Q30　契約期間中の保証人への情報提供

不動産賃貸借の契約期間中は、賃貸人から保証人に対して、どのような情報提供が必要となりますか。

A　改正後民法の下では、賃貸借の契約期間中における賃貸人による情報提供義務として、以下の2種類の義務が定められます。
① 個人が保証人となるか法人が保証人となるかを問わず、委託を受けた保証人から請求があった場合には、賃借人による債務の履行状況についての情報提供が必要となります（改正後458条の2）。
② 賃借人がその債務の履行について期限の利益を有する場合には、個人の保証人に対して、期限の利益の喪失についての通知が必要となります（改正後458条の3）。
もっとも、②については、賃貸借契約において問題となる場面は限定的であると考えられます。

1. 保証契約に関する情報提供の概要

改正後民法においては、保証人に対する3つの類型の情報提供義務が新設されますが、保証契約締結後の情報提供に関する規律は、表の2および3となります。

[保証人に対する情報提供義務]

	1 契約締結時（改正後465条の10）	2 主債務の履行状況（改正後458条の2）	3 期限の利益喪失時（改正後458条の3）
保証の種類		通常の保証／根保証	
主債務の内容		貸金等債務／貸金等以外債務	
主債務の発生原因（目的）	事業のため	事業のため／事業以外	事業のため／事業以外
保証人の属性	個人	個人／法人	個人
保証委託の有無	有	有	有／無
情報提供の内容	・財産および収支の状況 ・主たる債務以外に負担している債務の有無ならびにその額および履行状況 ・主たる債務の担保として他に提供し、または提供しようとするものがあるときは、その旨およびその内容	・主たる債務の元本 ・主たる債務に関する利息、違約金、損害賠償その他その債務に従たるすべてのものについての不履行の有無ならびにこれらの残額 ・上記のうち弁済期が到来しているものの額に関する情報	・主債務者が期限の利益を喪失した旨
情報提供の主体	主債務者	債権者	債権者
情報提供の時期	保証／根保証の委託をするとき	保証人による請求がなされた後遅滞なく	債権者が利益の喪失を知った時から2か月以内
情報提供義務違反の要件	①主債務者が情報を提供せず、または事実と異なる情報を提供 ②委託を受けた者がその事項について誤認 ③②の誤認によって委託を受けた者が保証契約の申込みまたは承諾の意思表示 ④債権者が①について知りまたは知ることができたとき	規定なし	債権者が利益の喪失を知った時から2か月以内に、保証人に対してその旨を通知しなかったとき
義務違反の効果	保証人は保証契約の取消しが可能となる		債権者は、主債務者の期限の利益喪失時から通知をするまでに生じた遅延損害金に係る保証債務の履行を請求することができない

Q30 契約期間中の保証人への情報提供

2. 主債務の履行状況に関する情報提供（改正後458条の2）

(1) 情報提供が必要となる場面、情報提供の主体

　改正後民法の下では、債権者は、委託を受けた保証人による請求があった場合に、主債務者の履行状況に関する情報を提供する義務を負います。個人が保証人となる場合のみならず、法人が保証人となる場合にも情報提供が必要となる点は、他の情報提供義務と異なるため、留意が必要です。

　不動産賃貸借契約においては、賃貸人がこの情報提供義務の主体となります。しかし、賃貸借契約に関する管理業務を管理会社等の第三者に委託している場合、賃貸人自身は賃料の支払状況について詳細を把握しておらず、保証人に対する情報提供が困難となる可能性があります。

　そこで、当事者間の合意により、当該賃貸借契約の管理業務の受託者（以下「管理受託者」といいます。）を通じて保証人に対する情報提供を行うことが考えられます。賃貸人が直接保証人への情報提供をするのではなく、管理受託者を通じて情報提供を行うこと自体は、保証人の保護という改正後民法の趣旨に反するものではないと解されます。

　実際の運用方法については、例えば、以下のような措置をとることが考えられます。

[管理受託者を通じて改正後458条の2に基づく情報提供を行う場合の対応例]

① 賃貸借契約における合意
「賃貸人から保証人に対する情報提供その他の通知を、管理受託者を通じて行う場合がある」旨を賃貸借契約上に明記し、賃貸人と賃借人との間で情報提供の方法について合意をすること（後掲「建物賃貸借契約の書式の見直し案」を参照してください。）

② 管理業務の委託契約における合意
管理受託者に対する委託事項として、「保証人から民法に基づく請求

がなされた場合に、当該請求に応じて遅滞なく情報提供を行う」との業務内容を追加すること
③　保証契約における合意
（保証契約を賃貸借契約とは別に締結する場合には、）「賃貸人から保証人に対する情報提供その他の通知を、管理受託者を通じて行う場合がある」旨を保証契約に明記し、保証人との間で情報提供の方法について合意をするとともに、管理受託者の連絡先等、情報提供の請求に必要となる事項を保証人に通知すること

(2) 情報提供の内容、方法

情報提供の対象となる事項は、①主たる債務の元本、主たる債務に関する利息、違約金、損害賠償その他その債務に従たるすべてのものについての不履行の有無、②①の残額、③①のうち弁済期が到来しているものの額に関する情報とされています。

不動産賃貸借契約においては、例えば、以下の事項についての情報提供をすることが想定されます。

(i)　未払賃料等の有無
(ii)　未払賃料等がある場合の金額
(iii)　未払賃料等について発生している遅延損害金の有無およびその金額
(iv)　賃借人が賃貸人に対して損害賠償債務を負っている場合には、その金額

また、改正後民法の下では、債権者は保証人による請求がなされた後遅滞なく、情報提供を行う義務を負うこととなりますが、情報提供の方法については、具体的な規律はありません。もっとも、情報提供を実施した時期や、提供した情報の内容を明確にするためには書面で行うことが望ましいといえます。同様に、保証人による情報提供の請求方法についても具体的な規律はありませんが、請求の有無をめぐる後日の紛争を防止する観点からは、保証人から請求がなされたことについて書面等に記録をすることが考えられます。

(3) 情報提供が遅れた場合、不適切であった場合の効果

債権者は、保証人に対して遅滞なく回答する必要があるものの、後述する期限の利益喪失時の情報提供義務と異なり、改正後民法の下では、情報提供を実施するべき具体的な期限は定められていません。

また、債権者による情報提供が行われなかったまたは時期や内容が不適切であった場合の効果については、改正後民法には規定は設けられていませんが、一般の債務不履行として処理される可能性があります。

3. 期限の利益喪失時に関する情報提供（改正後458条の3）

(1) 情報提供が必要となる場面、情報提供の主体

改正後民法の下では、主債務者が期限の利益を失ったときは、債権者はこれを知った時から2か月以内に、個人の保証人に対してその旨を通知する義務を負います。

不動産賃貸借契約においては、例えば、賃借人が賃貸人に対して負う債務（未払いの賃料債務や賃借人が賃貸不動産を毀損した場合の損害賠償債務など）について、分割払いにすることを認め、分割払いの支払期限に遅れた場合には、残りの債務について期限の利益を喪失する旨を合意した場合に、本条による情報提供の対象となることが想定されます。

保証人に対する情報提供が必要となるのは、このように改めて分割払いを認める合意をするといった、賃借人に期限の利益が認められる特別な事情のある場合に限られます。これに対し、賃借人が、例えば月額賃料の通常の支払期限との関係で賃料等の支払を怠ったこと自体は、本条に基づく賃貸人から保証人に対する情報提供の対象とはされていません（ただし、保証人から情報提供を行うよう請求がなされた場合には、上記2．の情報提供義務の履行として通知する必要があります。）。

情報提供の主体については、2．(1)と同様、賃貸借契約に関する管

理業務の受託者が存在する場合の運用方法が問題となり得ます。

(2) 情報提供の内容、方法

債権者は、主債務者が期限の利益を喪失した事実を知った時から2か月以内に、保証人に対しその旨を通知する義務を負います。通知方法については、改正後民法に具体的な規律はないものの、後述のとおり通知の時期が重要となることから、書面により行うことが望ましいといえます。

(3) 情報提供が遅れた場合の効果

改正後民法の下では、債権者が期限の利益の喪失の事実を知った時から2か月以内に通知をしなかったときは、債権者は、保証人に対し、主債務者が期限の利益を喪失した時から通知を現にするまでに生じた遅延損害金（期限の利益を喪失しなかったとしても生ずべきものは除かれます。）に係る保証債務の履行を請求することができないとされます（改正後458条の3第2項）。

▼ 4. 不動産賃貸借契約の実務への影響

上記2.の主債務の履行状況に関する情報提供義務との関係では、賃貸人としては、保証人から情報提供の請求がなされた場合の対応方法（請求がなされたことの記録、情報提供の様式の作成、その他保証人への情報提供を行うための実際の作業手順等）について、あらかじめ準備をする必要があります。

また、上記3.の期限の利益喪失時の情報提供義務との関係では、①個人が保証人となっており、かつ②分割払いの合意をすること等により賃借人が期限の利益を有する場合には、賃借人の債務の履行状況についての情報を、適切に管理する必要があります。

これらの情報提供義務に共通する事項としては、上述のとおり、実

務上、不動産賃貸借契約に関する管理業務の受託者を通じて情報提供を行う場合の運用方法について検討することが考えられます。

Q31　根保証契約の元本確定

賃貸借契約における個人根保証契約の主たる債務の元本は、どのような場合に確定しますか。元本の確定とは、どのようなルールでしょうか。

A　賃貸借契約における個人根保証契約の主たる債務の元本は、①保証人の財産に対する強制執行または担保権の実行の申立て、②保証人に係る破産手続開始の決定、③主債務者の死亡、④保証人の死亡の各事由が発生した場合に確定します。元本の確定によって、保証債務の対象は、その時点で残存する主たる債務に限定され、元本の確定後に発生した主たる債務については、保証人は保証債務を負わないこととなります。

1．元本の確定とは

　根保証契約においては、保証人は一定の範囲に属する不特定の債務を保証しており、保証の対象となる主たる債務の元本総額は、継続的に変化します。
　しかし、元本が確定すると、以後、保証人は、確定した元本とこれに対する利息・損害金等についてのみ保証債務を負い、その後に発生した主たる債務の元本については、保証債務を負わないこととなります。
　改正前民法では、元本確定の態様として、元本確定事由の発生（改正前465条の4）と、元本確定期日の到来（改正前465条の3）の2種類が定められていました。ただし、その適用対象は、極度額の定め（改正前465条の2）と同様、貸金等根保証契約（根保証契約のうち、債務の範囲に金銭の貸渡しまたは手形の割引を受けることによって負担する債務が含まれるもの）に限定されていました。

2．改正の趣旨・内容

　改正後民法では、民法上の根保証契約の規律（改正後465条の2）の適用対象が貸金等根保証債務に留まらず、個人根保証一般に拡大されることに伴い、元本確定についても新たな規律が設けられます。この個人根保証契約とは、一定の範囲に属する不特定の債務を主たる債務とする保証契約であって、保証人が法人でないものを指します（改正後465条の2第1項）。

(1) 元本確定事由の発生

　改正前民法の元本確定事由のうち、①債権者が、保証人の財産について、金銭の支払いを目的とする債権についての強制執行または担保権の実行を申し立てたとき（ただし、強制執行または担保権の実行の手続の開始があったときに限られます。）、②保証人が破産手続開始の決定を受けたとき、③主債務者の死亡、④保証人の死亡の各事由については、個人根保証一般における元本確定事由とされます（改正後465条の4第1項）。

　また、特に個人貸金等根保証契約（個人根保証契約のうち、主債務の範囲に金銭の貸渡しまたは手形の割引を受けることによって負担する債務が含まれるもの）においては、上記①から④までの各事由に加えて、(i)債権者による主債務者の財産に対する強制執行等の申立て、(ii)主債務者についての破産手続開始の決定も元本確定事由に含まれます（改正後465条の4第2項）。これに対して、主債務が貸金等債務以外の債務である場合には、上記(i)や(ii)は元本確定事由に含まれません。

　その理由は、次のとおりです。まず、個人貸金等根保証契約の場合には、元本確定後、債権者としては主債務者に対して新たな貸付け等を行わないという対応が可能であるために、上記(i)や(ii)を元本確定事由としても悪影響は少ないといえます。これに対し、借地借家法によって保護される建物賃貸借契約や、当初から長期にわたって存続するこ

とが予定されている継続的な契約関係においては、主債務者に関する上記(i)や(ii)の事由が発生した後も、必ずしも債権者が反対給付（賃貸借契約であれば、賃貸人の貸す債務の履行）を拒絶できないため、根保証による担保を継続させる必要性があることから、上記(i)や(ii)を元本確定事由とすることは相当でないとされています。

改正後民法の下での元本確定事由は、以下の表のとおりとなります。

[改正後民法における元本確定事由]

条文		元本確定事由	貸金等債務（改正による変更なし）	貸金等以外の債務
改正後465条の4第1項・第2項	主債務者	債権者による金銭債権についての強制執行または担保権実行の申立て（手続が開始されたときに限る。）	○	×
		破産手続開始決定	○	×
		死亡	○	○
改正後465条の4第1項	保証人	債権者による金銭債権による強制執行または担保権実行の申立て（手続が開始されたときに限る。）	○	○
		破産手続開始決定	○	○
		死亡	○	○

(2) 元本確定期日の到来は、改正後も貸金等根保証債務に限定される

元本確定事由と異なり、元本確定期日の到来による元本確定のルールは、今回の改正後も個人貸金等根保証契約にのみ適用されます（改正後465条の3）。その理由は、個人貸金等根保証契約以外の、賃貸借契約等の継続的契約については、ある期日の到来後も当該契約が存続するにもかかわらず、もし元本確定期日を定めるとすれば、根保証契約

によって担保される主債務が元本確定期日までに生じたものに限定されることとなり、相当でないためとされています。

3. 実務上の影響

　上記のとおり、賃貸借契約における個人根保証契約においては、上記2.(1)①から④までの各事由が発生した場合に、元本が確定し、以後発生した主たる債務については、保証人は保証債務を負わないこととなります。

　保証人が保証債務を負う範囲が確定することとなる重要な場面ですので、元本確定事由が発生した場合には、賃貸借契約の当事者は迅速に当該事実を把握することが望ましいといえます。

　そこで、元本確定事由が発生した場合には、賃借人または保証人が、賃貸人にその旨を通知するよう賃貸借契約書や保証契約書に記載することが考えられます。

　なお、賃貸借契約との関係で問題となる元本確定事由のうち、③主債務者の死亡および④保証人の死亡については**Q32**を、①保証人の財産についての強制執行等の申立ておよび②保証人に係る破産手続開始決定については、**Q34**をそれぞれ参照してください。

Q32　賃借人・保証人の死亡と根保証

賃貸借の契約期間中に賃借人や保証人が死亡した場合に、根保証契約はどうなりますか。

A 個人が賃貸借契約の保証人となっている場合には、賃貸借の契約期間中に賃借人や保証人が死亡することによって、根保証契約の主たる債務の元本が確定し、以後発生した賃借人の主たる債務については、根保証契約に基づく保証の対象外となります。そのため、賃貸借契約を継続する場合には、改めて根保証契約を締結する必要があるといえます。

1．改正の趣旨・内容

(1)　根保証契約の元本の確定事由

今回の改正により、賃貸借契約についての根保証契約を含む個人根保証契約一般について、①債権者による金銭債権についての保証人の財産に対する強制執行等の申立て、②保証人に係る破産手続開始決定、③主債務者の死亡、④保証人の死亡が元本確定事由とされます（改正後465条の4第1項）（改正の趣旨および詳細は**Q31**を参照してください。）。

(2)　賃借人の死亡

賃貸借契約に関する個人根保証契約においては、主債務者である賃借人が死亡した場合には元本が確定します。つまり、以後、保証人は、既に発生した賃料債務等についてのみ履行する責任を負い、その後に発生した賃料債務等については、保証債務を負わないこととなります。

(3)　保証人の死亡

賃貸借契約に関する個人根保証契約においては、保証人が死亡した

場合にも元本が確定し、以後発生した賃料債務等については、保証の対象とならないこととなります。そのため、元本確定後に発生した賃料債務等については、保証の対象外となり、保証人を被相続人とする相続の対象たる保証債務には含まれません。ただし、保証人の死亡前に既に発生している賃料債務等に係る保証債務は、相続により承継されます。

この点、古い判例では、賃貸借契約における保証人たる地位は相続の対象となり、保証人の相続人は相続開始後に発生した賃料債務についても責任を負うとされていました（大判昭和9・1・30民集13巻103頁）。今回の改正により、この結論は変更されることとなります。

2．実務への影響

(1) 賃借人の死亡との関係

上述のとおり、賃貸人は、賃借人の死亡後に発生した賃料等の主たる債務については、その保証を個人の保証人に対して当然に請求することができません。

そのため、賃借人の死亡後にも賃貸借契約が継続する場合、例えば、賃借人の死亡後、賃借権が相続により承継される場合には、賃貸借契約は当然には終了せず継続しますが、賃料等について保証が及ばない状態が生じることとなります。

他方、賃借人の死亡に伴って、賃貸借契約を終了させる場合であっても、賃貸目的物の明渡しまでに発生した賃料相当損害金等については、死亡後に発生した賃借人（またはその相続人）の債務となるため、当然には保証の対象にならないと考えられます。

このように、賃借人の死亡の前後において、保証人に履行を請求できるかどうかが大きく変わるため、保証人が支払うべき金額等をめぐって、賃貸人と保証人との間でトラブルが生じることも予想されます。

そこで、賃貸借契約の当事者としては、賃借人の死亡の事実およびその時期などについて、適時に把握し、情報を共有することが望ましいといえます。
　また、賃借人の相続人が賃借権を相続したことにより、賃貸借契約が継続する場合に保証を継続するためには、改めて根保証契約を締結する必要があると考えられます。
　なお、賃借人が賃貸借目的物において自殺した場合の損害賠償請求等を保証人に請求できるかどうかについては、**Q33**を参照してください。

(2) 保証人の死亡との関係

　上述のとおり、賃貸人は、保証人の死亡後に発生した賃料等の主たる債務については、その保証を個人の保証人の相続人に対して当然に請求することができません。
　そして、保証人が死亡した後も、賃貸借契約は通常継続すると考えられますので、保証を継続するためには、迅速に新たな根保証契約を締結する必要があるといえます。
　そこで、賃貸借契約の当事者としては、保証人についても、保証人の死亡の事実およびその時期などについて、適時に把握し、情報を共有することが望ましいといえます。
　もっとも、賃貸人にとっては、賃料の支払い等を通じて動静を確認することのできる賃借人と異なり、保証人との間では日常的に交渉を持つことは少ないと思われます。そのため、保証人の死亡の事実を賃貸人が把握することには、賃借人の死亡の事実以上に困難が伴うと予想されます。
　したがって、賃貸人が保証人の死亡について迅速に把握できるよう、一定の工夫をすることが考えられます。例えば、賃貸借契約書に、「賃借人は、保証人の死亡の事実を知ったときは、直ちに賃貸人に通知しなければならない」旨の規定を設けることが挙げられます。

(3) 保証会社の利用

　以上のとおり、今回の改正後は、賃借人や保証人の死亡について確認を行い、必要に応じて根保証契約を再度締結するために、一定の時間的・経済的負担が発生することになります。これらの負担や個人根保証契約に関するトラブルを回避する観点から、今後は、民法上の個人根保証契約の規律が適用されることを避けるために、保証会社等の法人による保証の利用が拡大することも予想されます。

Q33 賃借人の自殺と保証

賃貸借目的物件において賃借人が自殺した場合、賃貸人が被る損害等は保証の対象となりますか。

A 賃借人の自殺による死亡も、賃貸借契約における個人根保証契約の元本確定事由に該当します。そして、賃借人の自殺によって賃貸人に生じた損害についての損害賠償債務や、賃貸目的物の原状回復義務等の賃借人の債務が、元本確定前に発生した債務と評価され、保証の対象となるかどうかについては、解釈に委ねられることとなるため、裁判例や実務での運用の蓄積を待つ必要があります。

1. 改正の趣旨・内容

今回の改正により、賃貸借契約に関する個人根保証契約においては、主債務者である賃借人が死亡した場合には主債務の元本が確定します（改正後465条の4第1項3号）。つまり、以後、保証人は、既に発生した賃料債務等についてのみ保証債務を履行する責任を負い、その後に発生した賃料債務等については、保証債務を負わないこととなります。

賃借人が自殺により死亡した場合にも、この「主債務者の死亡」に該当し、元本が確定することとなります。

もっとも、いかなる性質および範囲の債務が、元本確定後に発生した債務として、保証の対象から除外されるのかという点については、改正後民法の規定から直ちに導かれるものではありません。

したがって、賃借人が賃貸借目的物件で自殺をした事例において、賃貸人が被る損害等が保証人による保証の対象になるかどうかについては、解釈に委ねられることとなります。

2．改正前の裁判例の動向

　賃貸借契約において、賃借人は、通常、賃貸借目的物の使用収益に際して、善良なる管理者の注意をもってこれを保管する義務を負っています。

　そして、賃借人やその同居人等が賃貸借目的物である建物内で自殺をした場合には、当該建物に物理的な損傷等が生じる場合があるほか、通常人が抱く建物の使用に対する心理的嫌悪感に起因して、賃料の減収が発生する場合があります。こうした事例では、賃借人が賃貸借契約上の善管注意義務に違反したこと、あるいは用法遵守義務に違反したこと等を理由に、賃貸人の賃借人に対する損害賠償請求権が発生したと認定して、賃借人や賃借人の相続人に対する損害賠償請求がなされることがあります（表①）。

　今回の改正前には、保証人との関係でも、賃貸人から損害賠償債務等の保証債務の履行を請求され、これが認容される裁判例もありました（表②）。

3．実務上の影響

⑴　保証人に対する請求の可否やその範囲をめぐる紛争発生のリスク

　上述のとおり、賃借人が賃貸借目的物件で自殺をした場合に、賃貸人が被る損害等が、元本確定の前に発生した債務であるとして、保証人による保証の対象になるかどうかについては、解釈に委ねられることとなります。

　一般的には、①賃貸借契約に基づいて賃借人が負担する一切の債務について責任を負う旨を保証契約において合意しているような場合には、賃借人の行為に起因して賃貸人に発生した損害等についても保証の対象とするのが、保証契約における通常の当事者の意思であると考

えられること、②個人根保証契約においては、今回の改正後は極度額の定めが必要となるため、賃借人の自殺に伴う損害賠償債務等が発生するとしても、保証人に予想外の負担を強いるものではないこと、③保証人に対する請求が認められないとすると、賃借人以外の同居人等が自殺した場合には直接的に元本確定事由に該当せず、保証人に対する請求が可能と考えられることとのバランスや、今回の改正前には保証人に対する請求が可能であったこととのバランスを欠く帰結となることから、賃貸人に対する損害賠償債務等については、元本確定前に発生した賃借人の債務として、保証の範囲内に属するという解釈が可能と考えられます。

この場合、賃貸人の賃借人に対する損害賠償請求権自体は元本確定前に発生しているものの、その具体的な金額については後日算定されると解されます。

もっとも、改正後民法の下で、上記のような解釈が常に妥当するかどうかについては、裁判例や実務での運用の蓄積を待つ必要があります。

また、個々の事例においては、保証人に対する保証債務履行の請求の可否やその範囲、実際の損害賠償金額等をめぐって、賃貸人と保証人との間で紛争が発生するリスクがあります（なお、賃借人が死亡した場合でも当然に賃貸借契約が終了するわけではなく、賃料が発生し続ける場合があります。この場合の賃料債務は、死亡後に発生した債務であることから、基本的に保証の対象外となると考えられます（**Q32**を参照してください。）。）。

(2) 保証会社を利用する際の留意点

今回の改正後には、個人根保証契約の規律の対象となる個人の保証人ではなく、保証会社を利用することも考えられます。

改正後民法の下での個人根保証契約の規律は、保証会社が保証人となる場合には適用されないため、賃借人の死亡による元本確定につい

[賃貸物件における自殺事故に関する裁判例①]

	裁判例	被請求者	自殺者	当初月額賃料	認定損害額	損害の算定	備考
1	東京地裁 平成13・11・29 (2001WLJPCA 11290013)	賃借人	賃借人の従業員（借上社宅の入居者）	4万8000円	逸失利益 43万9215円	事故発生後2年間は月額2万円の賃料低下が生じたとして、賃料収入の減少分を逸失利益と認定	・履行補助者である従業員の自殺により、賃借人の債務不履行を認定し、賃借人の責任を肯定
2	東京地裁 平成22・12・6 (2010WLJPCA 12068010)	賃借人の相続人	賃借人	賃料8万5000円 共益費2000円	内装造作取替費用 58万4325円 逸失利益 84万円	事故発生後2年間は月額2万5000円の賃料額低下、次の2年間は月額1万円の賃料低下が生じたとして、賃料収入の減少分を逸失利益と認定	・賃借人の原状回復義務に付随する義務の債務不履行を認定
3	東京地裁 平成23・1・27 (2011WLJPCA 01278012)	賃借人	賃借人の子（実際の入居者）	賃料7万5000円 共益費5000円	原状回復費用 6万952円 逸失利益 127万5032円 クリーニング費用等 27万1950円	新規賃貸借契約締結までの3ヶ月19日分の賃料等相当額、一期分の賃貸借期間（2年間）及びその後約5か月分の当初の賃料等と新規契約の賃料等との差額の合計額を逸失利益と認定	・経年劣化による補修費用を超える部分の原状回復費用を認定 ・履行補助者による故意過失により、賃借人は債務不履行自らの債務不履行と同様の責任を負うと認定

128　Ⅳ　賃貸借契約の期間中の実務への影響

4	東京地裁 平成26・12・11 (2014WLJPCA 12118018)	転借人	転借人の同居人	賃料13万9000円 管理費7000円	賃貸人との関係で 逸失利益 311万6716万円 転貸人との関係で 逸失利益 9万5991円	賃貸人の損害： 1年間を賃貸不能期間、一期分の賃貸借期間（2年間）の半額の賃料等相当額とする。賃料等相当額の半額の賃料収入の減少分を逸失利益と認定 転貸人の損害： 賃貸不能期間1年間分の転貸料を逸失利益と認定	・賃貸人と転貸人はマスターリース契約を締結。

＊裁判例のかっこ内は、ウエストロー・ジャパン文献番号。

Q33 賃借人の自殺と保証

[賃貸物件における自殺事故に関する裁判例②（保証人への請求を含む例）]

	裁判例	被請求者	自殺者	当初月額賃料	認定損害額	損の算定	備考
1	東京地裁平成19・8・10 (2007WLJPCA08108002)	賃借人の相続人連帯保証人	賃借人	6万円	逸失利益132万3144円	1年間を賃貸不能期間、一期分の賃貸借期間（2年間）を月額賃料の半額でなければ賃貸し得ない期間として、賃料収入の減少分を逸失利益と認定	・賃借人が賃貸人に対して負担する一切の債務をとし、保証人に対し、賃借人の相続人と同額の保証債務履行請求を認容
2	東京地裁平成22・9・2判時2093号87頁	賃借人が無断で転貸した第三者連帯保証人	賃借人	12万6000円	原状回復費用94万4475円 逸失利益277万8752円	1年間を賃貸不能期間、一期分の賃貸借期間（2年間）を月額賃料の半額でなければ賃貸し得ない期間として、賃料収入の減少分を逸失利益と認定	・賃借人が賃貸人に対して負担する一切の債務をとし、保証人に対し賃借人と同額の保証債務履行請求を認容
3	東京地裁平成26・5・13 (2014WLJPCA05138015)	保証人	賃借人	4万7000円	逸失利益108万円	2年間にわたり建物2階の3室の月額賃料が1万5000円低下するとして、賃料収入の減収分を逸失利益と認定	・投資用の賃貸アパート・建物2階の3室が向かい合う共用スペースにおいて、賃借人が首吊りをつって自殺した事例
4	東京地裁平成26・8・5	賃借人の妻賃借人保証会社	賃借人の妻	7万4000円	逸失利益163万1877円	1年間を賃貸不能期間、一期分の賃貸借期間（2年間）を月額賃料の半額	・善管注意義務違反を認定し、賃借人の損害賠償責任を肯定

	(2014WLJPCA 08058002)			となるとして、賃料収入の減少分を逸失利益と認定	・保証会社については、賃借人の責めに帰すべき事由により生じた居室の滅失又は毀損に係る損害賠償債務は、保証契約上保証の対象外であるとして、請求を棄却
5	東京地裁平成 27・9・28 (2015WLJPCA 09288003)	連帯保証人	賃借人	7万 2000 円	原状回復費用 8万 3368 円 逸失利益 158万 7860 円	1年間を賃貸不能期間、一期分の賃貸借期間（2年間）を月額賃料の半額となるとして、賃料収入の減少分を逸失利益と認定	・賃借人が賃貸人に対して負担する一切の債務を保証する合意をしたとして、自殺した賃借人が負う善管注意義務違反に基づく損害賠償責任は、連帯保証人の責任の範囲に含まれると認定

＊裁判例のかっこ内は、ウエストロー・ジャパン文献番号。

ても、保証会社との関係では妥当しません。

　しかし、多くの保証会社では、保証の対象を賃料等や原状回復費用に限定しており、賃借人の損害賠償債務については保証の対象から除外されるのが一般的です。また、賃借人、賃借人の同居人および賃借人の関係者の自殺または火災、ガス爆発等の故意・過失により賃貸人に生じた損害について、保証の対象外である旨が明確に保証約款に記載される場合もあります。

　そのため、例えば、保証の対象を賃料等に限定し、賃借人の故意・過失（あるいは責めに帰すべき事由）によって生じた損害賠償債務等を保証の対象外とする旨が、保証契約（保証約款）に記載されている場合には、賃借人の自殺に起因する損害賠償請求債務等について、保証会社による保証の対象とはならない可能性があります（表②の裁判例4参照）。

　したがって、賃貸人の立場からは、保証会社を利用する場合であっても、賃借人等の自殺等に伴う損害発生のリスクに備えるために、保証会社と併せて、保険への加入等の手段を検討することが考えられます。

Q34　執行・倒産手続の開始と保証

賃貸借の契約期間中に、賃借人や保証人に対して強制執行の申立てや倒産手続開始の決定があった場合に、保証契約はどうなりますか。

A　①債権者が、保証人の財産について、金銭の支払いを目的とする債権についての強制執行または担保権の実行を申し立てたとき（ただし、強制執行または担保権の実行の手続の開始があったときに限ります。）、および②保証人が破産手続開始の決定を受けたときには、個人が保証人となる個人根保証契約において、主たる債務の元本が確定します。

これに対して、賃借人に強制執行または担保権実行の申立て、あるいは破産手続開始の決定がなされた場合であっても、個人根保証契約における元本確定事由には該当せず、個人根保証契約による保証が継続することになります。

1．改正の趣旨・内容

(1) 根保証契約の元本の確定事由

今回の民法改正により、賃貸借契約についての根保証契約を含む個人根保証契約一般について、①債権者による金銭債権についての保証人の財産に対する強制執行等の申立て、②保証人に係る破産手続開始決定、③主債務者の死亡、④保証人の死亡が元本確定事由とされます（改正後465条の4第1項）（改正の趣旨および詳細は **Q31** を参照してください。）。

(2) 賃借人と保証人で適用されるルールが異なる

賃貸借契約において個人根保証契約が締結される場合、元本確定事由に関するルールは賃借人と保証人とで異なります。

すなわち、保証人については債権者による強制執行・担保権の申立て（改正後465条の4第1項1号）、および破産手続の開始決定（同項2号）によって、個人根保証契約の元本が確定するのに対し、賃借人について同様の事態が生じても、元本は確定しないこととなります。

　なお、貸金等債務を主たる債務とする個人貸金等根保証契約においては、主債務者について上記のような事由が発生した場合も、元本確定事由に該当するとされています（改正後465条の4第2項1号・2号参照）。

　これは、賃借人に強制執行等の申立てや破産手続の開始決定がなされた場合であっても、当然に賃貸借契約が終了するわけではないため、賃貸借契約が存続している限り、賃貸人は目的物を貸し続けなければならない点を考慮したことによるものです。

(3) 債権者が強制執行または担保権実行の申立てをした場合

　上述のとおり、「債権者が、保証人の財産について、金銭の支払を目的とする債権についての強制執行または担保権の実行を申し立てたとき」（ただし、強制執行または担保権の実行の手続の開始があったときに限ります。）も、個人根保証契約における元本確定事由とされています（改正後465条の4第1項1号）。

　ここでの強制執行等の申立ての主体である「債権者」とは、保証契約における主たる債務の債権者を意味しています。すなわち、債権者自身が、保証人に対する債権について強制執行等の申立てを行い、かつ当該手続の開始があった場合に、個人根保証契約の元本が確定することとなります。

　賃貸借契約においては債権者である賃貸人が、保証人の資産状態が悪化していることを認識した後であっても、そのことを理由に賃貸借契約を解除することはできず、賃料債務等が発生し続けるという点では、賃借人の資産状態が悪化した場合と共通しています。

　もっとも、債権者が自ら保証人の財産に対する強制執行または担保

権の実行の申立てをした後に発生した債務については、債権者としても、もはや保証人から債権を回収することを期待している場面は少ないという考慮から、元本確定事由とすることにより、保証人が責任を負う範囲を制限する方向の規定とされました。

2．実務への影響

(1) 賃貸人が保証人の財産について強制執行・担保権実行を申し立てた場合

上述のとおり、賃貸借契約においては、賃貸人本人が、保証人の財産について強制執行や担保権実行の申立てを行い、かつ当該手続の開始があった場合に、個人根保証契約の元本の確定事由に該当することになります。そのため、賃貸人が、保証人の財産について強制執行や担保権実行の申立てをし、当該手続が開始された場合には、申立て後に発生する賃料債務等については保証が及ばなくなることに留意する必要があります。

他方、改正後465条の4第1項1号の元本確定事由との関係では、賃貸人以外の第三者により保証人に対する強制執行等の申立てがなされても、元本確定事由に該当しないことから、賃貸人にとって、自己の与り知らないところで元本が確定するリスクはないといえます。

(2) 保証人について破産手続開始決定がなされた場合

(1)に対して、保証人に対する破産手続の開始決定については、保証人本人や保証人に対する他の債権者等、賃貸人以外の者の申立てに起因して破産手続開始決定がなされるのが通常であるため、賃貸人にとって予想外の時期に元本が確定する可能性があります。

そのため、賃貸人としては、保証人の資産状況や破産手続開始決定の事実について、適時に把握できるような手当てをする必要があると考えられます。

Q35　賃貸借契約の改定・更新

不動産の賃貸借契約の改定や更新の際に、保証契約との関係で留意すべき点はありますか。

A　改正後民法では、主たる債務の目的または態様が保証契約の締結後に加重されたときであっても、保証人の負担は加重されないことが明文化されました（改正後448条2項）。

　賃貸借契約における保証契約については、賃貸借契約の改定や更新に伴って賃借人の負う債務の「目的又は態様」が加重されるといえる場合には、賃貸人と保証人との間でも合意の上、保証契約を変更することが予想されます。

　もっとも、改正後448条2項は、これまでの一般的な解釈を明文化した規定であり、実務上の影響は大きくないと考えられています。

1．改正の趣旨・内容

　一般的に、保証債務は、主たる債務を担保する目的のために存在することから、その性質として、主たる債務に対する「付従性」を有しています。この付従性には、狭義の意味として、成立における付従性（主債務が成立しなければ成立しないという性質）、内容における付従性（主たる債務よりも保証債務の方が重くなることはないという性質）、消滅における付従性（主債務が消滅すれば消滅するという性質）があるとされています。

　このうち、内容における付従性に関して、改正前民法448条が、保証債務の目的・態様が主債務の目的・態様より重い場合には、保証債務の目的・態様が主債務の目的・態様まで縮減される旨を規定していました。しかし、保証契約の締結後に主たる債務の目的・態様が加重された場合に、保証債務も主債務と同様に加重されるか否かについて

は、明文の規定が存在しませんでした。

　この点については、今回の改正前においても、保証契約の締結後に主たる債務の目的・態様が加重された場合であっても、その影響は保証債務には及ばず、保証債務は加重されないと解釈されていましたが、今回の改正により、当該解釈が明文化されることとなりました。

2.　実務上の影響

(1)　保証契約全般について──主たる債務の変更に伴う保証契約の変更

　主たる債務の目的または態様が保証契約の締結後に加重されたときであっても、当然には保証人の負担は加重されません（改正後448条2項）。そのため、変更後の主債務についても保証の対象とするためには、当該変更に合わせて、保証契約の内容も変更する必要があります。これに対して、主たる債務が軽減された場合には、特段の変更の合意がなくとも、それに伴って保証債務も軽減されると考えられています。

　なお、条文上、本条項の規定の対象は、個人根保証契約に限定されておらず、法人が保証人となる場合にも適用されるものであることから、留意が必要です。

(2)　賃貸借契約における「目的又は態様」の加重

　不動産の賃貸借契約との関係では、賃貸借契約の改定や更新に伴って、契約条件が変更される場合に、変更後の条件での保証をすることについて、保証人との間で保証契約を変更する必要があるかどうかという点が問題となり得ます。

　どのような変更が、主債務者である賃借人が賃貸人に対して負う債務の「目的又は態様」が加重される場合に該当するのかについては、今回の改正後においても、解釈に委ねられています。

　例えば、賃料・遅延損害金の増額、賃貸借契約の目的不動産の追加・

増床等は、保証人が負いうる保証債務の金額や範囲を拡大するものであることから、「目的又は態様」の加重に当たると解釈される可能性があります。そうすると、これらの賃貸借契約の変更については、保証人の承諾を得て保証契約を変更しない限り、原則として保証契約の内容は当然には変更されないことになります（極度額の事後的な変更については、**Q13** を参照してください。）。

もっとも、一時使用のための賃貸借等の事例を除けば、賃貸借契約のような継続的契約においては、賃貸借関係が長期間存続する中で契約内容が改定されることは、保証人にとっても予測可能といえます。そのため、賃料・遅延損害金等の増額や賃貸目的物の追加・拡大等の事例は措くとしても、賃貸借契約の内容の軽微な改定であれば、「目的又は態様」の加重に該当しないとも考えられます。

改正後448条2項は、従前の一般的な解釈を明文化したものといわれていることから、実務に与える影響は大きくないと考えられていますが、賃貸借契約との関係では、どのような変更が、賃借人が賃貸人に対して負う債務の「目的又は態様」が加重される場合に該当するのかについて、今後の判例の蓄積を待つ必要があります。

なお、不動産賃貸借契約の当事者としては、保証人の予測可能性を高めるため、保証契約の締結の際に、例えば賃貸人と賃借人の合意または法律の規定（借地借家法32条）に基づき、賃料が変更される可能性がある旨を保証契約に記載することにより、あらかじめ賃貸借契約の改定について予告をしておくことが考えられます（後掲「建物賃貸借契約の書式の見直し案」を参照してください。）。

(3) 賃貸借契約の更新と保証の効力

契約の更新については、改正前民法には具体的な規定はなく、今回の改正後も新たな規定は設けられません。

そのため、賃貸借契約の更新との関係では、従前の解釈が今後も妥当するものと考えられます。

例えば、期間の定めのある建物の賃貸借契約については、判例上、借地借家法により、賃貸人が正当事由を具備しなければ更新を拒絶できないこと等を考慮して、保証人は、反対の趣旨をうかがわせるような特段の事情のない限り、保証人が更新後の賃貸借から生ずる賃借人の債務についても保証の責めを負う趣旨で合意がされたものと解するのが相当であり、保証人は、賃貸人において保証債務の履行を請求することが信義則に反すると認められる場合を除き、更新後の賃貸借から生ずる賃借人の債務についても保証の責めを免れないとされています（最判平成9・11・13判時1633号81頁）。こうした判例を前提とすれば、期間満了後も原則として賃貸借関係が継続するような場合には、更新に際して改めて保証人との間で合意をしなくとも、基本的に、更新後の賃貸借から生ずる賃借人の債務については、従前と同一の条件で保証の効力が及ぶことになると解されます（改正法の施行日前に締結された賃貸借契約が施行日以後に更新された場合に、当該賃貸借契約に伴って締結されていた保証契約については、改正前民法と改正後民法のいずれが適用されるのかという点については、**Q11**を参照してください。）。

　なお、賃貸借契約の更新に際して契約条件の変更を行う場合には、当該変更後の条件による賃貸借から生ずる賃借人の債務について、保証の効力が及ぶか否かについては、(2)と同様の問題として、改正後民法の規律を踏まえた解釈がなされることとなります。

Q36 保証債務の履行請求

賃貸借契約における保証人に対して保証債務の履行を請求する場合、どのような点に留意する必要がありますか。

A 個人が保証人となる個人根保証契約である場合には、主たる債務の元本が確定する前に、賃貸人が保証人に対して保証債務の履行を請求することができるかどうかが問題となり得る点に留意が必要です。改正後民法では、この点の規定は置かれないものの、これを肯定するのが保証契約における当事者の合理的意思であると解されます。

ただし、保証人が賃貸人の履行請求に応じて弁済をした場合には、保証人はそれ以後、定められた極度額から弁済金額を差し引いた金額を限度として責任を負うことになるとの解釈が有力です。

1. 問題の所在

(1) 民法の規律

根保証契約においては、主たる債務の元本が確定する前に賃貸人が保証人に対して保証債務の履行を請求することができるかどうかが問題となり得ます。改正前民法においては、個人が保証人となる貸金等根保証契約を対象として民法上の規律が設けられていましたが、この点の規定はなく、解釈に委ねられていました。

今回の改正により、個人が保証人となる個人根保証契約一般に民法の規律が適用されることとなりますが、元本確定前の請求の可否については、議論がなされたものの、明文化には至りませんでした。そのため、保証債務の履行の請求方法については、引き続き解釈に委ねられることになります。

(2) 今回の改正前の議論――平成24年最高裁判例

今回の改正前には、根保証契約の主たる債務の範囲に含まれる債務に係る債権（被保証債権）を、当該根保証契約に定める元本確定期日前に譲り受けた甲が、保証人である乙に対して、保証債務の履行を求めた事例において、元本確定前に被保証債権が譲渡された場合に、譲受人が保証債務の履行を求めることができるかどうかが争点とされました（最判平成24・12・14民集66巻12号3559頁。以下「平成24年最高裁判例」といいます。）。

平成24年最高裁判例は、当事者の合理的意思解釈として、「根保証契約を締結した当事者は、通常、主たる債務の範囲に含まれる個別の債務が発生すれば保証人がこれをその都度保証し、当該債務の弁済期が到来すれば、当該根保証契約に定める元本確定期日……前であっても、保証人に対してその保証債務の履行を求めることができるものとして契約を締結」したものと解するのが合理的であると判示しています。

ただし、平成24年最高裁判例の位置付けや、上記判断についての評価は、判例評釈等においても見解が分かれているため、今後も個別の事案における解釈が必要とされる場合があるといえます。

2. 賃貸借契約における留意点

(1) 賃貸借契約の特性

平成24年最高裁判例は、金銭消費貸借契約における債務（貸金債務）を主債務とする根保証契約が問題となった事案であり、賃貸借契約における個人根保証契約について判断したものではありません。

この点、賃貸借契約においては、保証人が保証債務の履行をした後も、賃貸借契約は継続し、賃貸人が貸す債務を負い続ける場合が想定されます。

例えば、賃借人が数か月分の賃料を滞納したため、保証人に対して

未払賃料の支払いを請求し、その弁済を受けた場合であっても、賃貸借契約が当然に終了するわけではありません。それにもかかわらず、保証債務の履行請求をする際に元本を確定させなければならないとすると、その後に発生する賃借人の債務については、保証が及ばないこととなります。これでは、保証人による保証がなされない状態で、賃貸借契約のみが継続することとなり、改めて保証契約を締結する必要性が生じるなど、当事者にとって不都合といえます。

したがって、賃貸借契約が解除等により終了しない以上は、引き続き保証人による保証の対象となると解するのが、基本的には、保証契約における当事者の合理的な意思であると考えられます。

(2) 保証人が履行請求に応じて弁済をした場合の処理

保証人に対する元本確定前の履行請求を認める場合に、保証人が当該履行請求に応じた後の帰結については、平成24年最高裁判例では明示されておらず、改正後民法においても明文の規定は設けられていません。

この点については、極度額の範囲で保証をするとした当事者の合理的意思解釈、また保証人の保護の観点から、保証人が履行請求に応じて弁済をした後は、その額の分だけ、保証人が責任を負うべき極度額が減縮するとの考え方が有力です。こうした解釈を前提とするのであれば、個人根保証契約においても、保証人による弁済がなされた後は、その額の分だけ減縮された極度額の範囲で、引き続き保証が及ぶと考えられます。

そこで、賃貸借契約および個人根保証契約の当事者としては、減縮後の極度額を明らかにするため、保証人が弁済をした日付や金額について、書面等に記録しておくことが有用であるといえます。

(3) 個人根保証契約の規律が及ばない保証契約の場合

(1)および(2)の議論は、個人が保証人となる個人根保証契約における

留意点ですが、保証会社を利用する場合など、法人が保証人となる場合には、改正後民法上、原則として極度額の定めや元本確定事由の規律は適用されません（ただし、保証人である法人の求償権を個人が保証する場合については、**Q15** を参照してください。）。

　そのため、これらの保証契約における保証債務の履行請求の方法については、今回の改正による特段の影響はないと考えられます。

Q37　賃貸不動産の譲渡と保証契約

賃貸借契約の目的物である不動産が譲渡される場合、保証契約の取扱いはどうなりますか。

A　賃貸不動産が譲渡される場合の保証契約の取扱いについては、改正後民法においても明文の規定はなく、引き続き解釈に委ねられています。一般的には、賃貸人たる地位が移転する場合には、それに伴って保証債務も新所有者の下に移転するのが、保証契約における当事者の合理的意思であると考えられます。これに対して、賃貸不動産が譲渡されても、賃貸人たる地位が旧所有者に留保される場合（改正後605条の2第2項前段参照）には、保証債務も移転せず、賃貸人との間で存続すると考えられます。

1．問題の所在

根保証契約ではない保証契約の場合、債権者の変更により主たる債務が移転すると、保証債務もそれに伴って移転すると考えられています（保証債務の随伴性）（一方、主たる債務者が変更する場合（債務引受）については、保証債務が当然に随伴するとはいえず、改正後民法では、いわゆる免責的債務引受の場合には、保証人の書面による承諾がない限り、引受人の債務を担保するために移転することはないとされます（改正後472条の4第1項・第3項・第4項）。）。

賃貸借契約における保証契約は、一定の範囲に属する不特定の債務を主たる債務とする保証契約として、一般的には根保証契約に該当すると考えられますが、根保証契約においては、主たる債務の元本が確定する前に、根保証の対象となっている債権が譲渡される場合、根保証債務もそれに随伴して移転するのかが問題となり得ます。

改正前民法にはこの点についての規定はなく、今般の改正の際にも

議論がなされたものの、明文化には至りませんでした。そのため、根保証債務の随伴性については、引き続き解釈に委ねられることになります。

この点について、最判平成24・12・14民集66巻12号3559頁（以下「平成24年最高裁判例」といいます。）は、根保証契約の当事者は、通常、「被保証債権が譲渡された場合には保証債権もこれに随伴して移転することを前提としているものと解するのが合理的である」として、元本確定前に被保証債権が譲渡された場合でも、「当該根保証契約の当事者間において被保証債権の譲受人の請求を妨げるような別段の合意がない限り、保証人に対し、保証債務の履行を求めることができる」と判示しています。

2. 賃貸借契約における留意点

(1) 賃貸不動産の譲渡に伴う賃貸人の地位の移転

賃貸借契約の期間中に賃貸目的物である不動産が譲渡される場合の賃貸人たる地位の移転については、今回の改正後は、以下の表のように整理することができます（**Q41**を参照してください。）。

(2) 賃貸不動産の譲渡と保証契約の取扱い

平成24年最高裁判例では、金銭消費貸借契約における債権の譲渡における保証債務の随伴性が問題とされたのに対して、賃貸不動産の譲渡の場面では、債権者たる賃貸借契約上の賃貸人の地位の移転に伴う保証債務の随伴性が問題となることから、平成24年最高裁判例の帰結が直ちに妥当するわけではありません。もっとも、賃貸借契約における根保証契約は、賃借人の賃貸人に対する債務を保証することを目的とする契約であることから、賃貸人の地位の移転による主たる債務の移転に伴って保証債務も移転するのが、根保証契約の契約当事者の合理的意思に通常合致するといえます。

[賃貸目的物の譲渡と賃貸人たる地位]

移転する	賃借人が賃借権を対抗できる場合 (改正後605条、借地借家法10条、31条参照)	◇改正後605条の2第1項・第3項 ・ 賃貸人たる地位は、新所有者に当然に移転する。 ・ 地位の移転を賃借人に対抗するためには、不動産の所有権移転登記が必要。
移転する	賃借人が賃借権を対抗できない場合 (例)駐車場使用、自動販売機や電柱、鉄塔等の設置に伴う土地の賃貸借の事例	◇改正後605条の3 ・ 賃貸人たる地位は、譲渡人と譲受人の合意により移転する。 ・ 地位の移転を賃借人に対抗するためには、不動産の所有権移転登記が必要。
移転しない	不動産の譲渡人および譲受人が、 ①賃貸人たる地位を譲渡人に留保すること ②目的不動産を譲受人が譲渡人に賃貸すること を合意した場合	◇改正後605条の2第2項 ・ 賃貸人たる地位は、譲渡人に留保される。 ・ 譲渡人と譲受人またはその承継人との間の賃貸借が終了したときは、留保されていた賃貸人たる地位は、譲受人またはその承継人に移転する。

＊いずれも賃借人の承諾は不要。

　他方、(1)に記載したとおり、賃貸不動産の譲渡後も譲渡人に賃貸人の地位が留保される場合には、保証債務も移転しないこととするのが、根保証契約の契約当事者の合理的意思に通常合致すると考えられます。

　ただし、主たる債務に随伴した根保証債務の移転を認める場合であっても、賃貸不動産の譲渡人（旧賃貸人）の下で生じた未払賃料等の債権については、賃貸人の地位の移転に伴って当然に移転するものではないため、その処理と保証との関係については、個別の事案において、当事者間の合意により決定することが予想されます。

　なお、賃貸不動産の譲受人に賃貸人の地位が移転された場合には、以後保証人との関係で情報提供義務（改正後458条の2、458条の3）を負うのは新賃貸人となるため、特に保証人からの情報提供の請求（改正後458条の2）の実効性を確保する観点から、保証人に対して、旧賃貸人または新賃貸人から賃貸人の変更について通知を行うのが（直ちに法的な義務とはいえないものの）望ましいと考えられます。

2 相殺

Q38 相殺

今回の改正で相殺に関するルールはどう変わりますか。賃貸借の実務への影響を教えてください。

A 相殺禁止、相殺と差押え、相殺充当について、それぞれルールの実質的な変更がなされています。特に、差押え前の原因に基づき生じた債権による相殺が可能となった点と、相殺における指定充当が認められなくなった点は、賃貸借契約に関する実務にも影響することが予想されますので注意が必要です。

1. 改正の趣旨・内容

(1) 相殺制限特約

改正前民法では、相殺制限特約がある場合にも善意の第三者には対抗することができないとされていましたが、改正後は、悪意・重過失の第三者に対抗することができるとされます（改正後505条2項）。

(2) 相殺が禁止される受働債権の種類

改正前509条は、不法行為に基づく損害賠償請求権を受働債権とする相殺は禁止されると規定していました。これに対し、改正後509条では、相殺の禁止される受働債権の種類を、①悪意による不法行為に基づく損害賠償請求権と②人の生命または身体の侵害による損害賠償請求権としました。

ここでの悪意による不法行為に基づく損害賠償請求権（①）におけ

る「悪意」が認められるためには、故意では足りず、積極的加害意思が必要と解されています。また、人の生命または身体の侵害による損害賠償請求権（②）は、不法行為に基づくものに限らず、債務不履行に基づく損害賠償請求権も含むことに注意が必要です。

(3) 差押えと相殺
① 無制限説の明文化
改正後511条1項は、債権が差し押さえられた場合に、第三債務者が差押え前に取得した債権をもって差押債権者に対抗できる旨を規定しました。

改正前民法の下では、第三債務者が、弁済期の先後にかかわらず、差押え前に取得した債権をもって差押債権者に対抗できるという「無制限説」と、第三債務者は自働債権の弁済期が受働債権の弁済期よりも先に到来する場合のみ対抗できるという「制限説」が対立していました。改正後民法は、最高裁が無制限説を採用していることに照らし、無制限説を採用することを明らかにしました。

② 差押え前の原因に基づき生じた債権による相殺
改正後511条2項は、債権が差し押さえられた場合の第三債務者は、差押え後に生じた債権であっても、差押え前の原因に基づき生じた債権であれば、差押債権者に相殺を主張できると規定し、改正前民法において相殺を主張できるとされていた自働債権の範囲を広げました。これは、破産法の相殺権に関する規律と平仄を合わせたものです。

(4) 相殺充当に関するルールの変更
債権者と債務者との間で複数の自働債権と受働債権が対立する状況にある場合などにおいてその一部について相殺が行われる場合、当該相殺がどの債務に充当されるかという、充当順序の問題が生じます。

改正前民法の下では、合意によって充当順序が定められていない場

合は、相殺の意思表示をする者が充当順序を指定できる余地が残るとされていました（改正前512条の準用する改正前488条。最判昭和56年7月2日民集35巻5号881頁）。

しかし、改正後民法では、合意によって充当順序が定められていない場合に、指定充当を認めず、法定充当によることとしました（改正後512条）。

改正後民法が弁済については指定充当を認めつつ（改正後488条1項）、相殺について指定充当を認めないこととしたのは、弁済には遡及効がないのに対し、相殺には遡及効があることから、指定充当を認めることは整合的でないと考えられたからです。

2. 実務上の影響

(1) 賃貸借に関する実務への影響が予想される改正点

相殺については、改正前民法の下で出された最高裁判決のルールを明文化した部分もありますが、相殺禁止、相殺と差押え、相殺充当について、それぞれルールの実質的な変更がなされています。

特に、差押え前の原因に基づき生じた債権による相殺が可能となった点と、相殺における指定充当が認められなくなった点は、賃貸借契約に関する実務にも影響することが予想されます。

(2) 差押え前の原因に基づき生じた債権による相殺が可能となった点について

上述のように、改正後民法では、差押え後に生じた債権であっても、差押え前の原因に基づく生じた債権であれば、差押債権者に相殺を主張できることとされ、相殺が可能な場面が拡大されました。「差押前の原因に基づき生じた債権」の対象は、破産法における議論を参照する必要がありますが、なお不明確なところが多いといわざるをえません。

例えば、差押えよりも前に締結されていた賃貸借契約に基づき差押

え後に発生した賃料債権は、自働債権として相殺を対抗できるようになります（『一問一答』205頁）。しかし、賃料債権を差し押さえられた賃借人が、差押え後に生じた費用償還請求権や有益費償還請求権をもって差押債権者に相殺を主張しようとした場合、賃貸借契約の締結が差押え前にあったことをもって「差押前の原因に基づく」ととらえられるならば、かかる相殺も認められますが、費用償還請求権や有益費償還請求権を生じさせた賃借人の行為を基準とするならば、相殺は認められないことになります。私見では、この事例では後者の見解を採る方が合理的であるように思いますが、この点についての結論については、今後の議論を待つ必要があります。

(3) 相殺における指定充当が認められなくなった点について

　上述のように、相殺においては、充当順序の合意が存在しない場合には指定充当が認められず、法定充当によることとなり、相殺適状になった時期の順序で充当されることになります。

　これまでは、債権者と債務者の間に複数の債権債務が対立している場合で、充当順序の合意がない場合であっても、「A債権と相殺する」旨の相殺通知を行うことでA債権に充当することが可能でしたが、今後はそのような相殺は認められなくなってしまいます。

　したがって、（想定される場面は必ずしも多くないかもしれませんが、）複数の債権債務が対立する可能性のある者と賃貸借契約を締結する場合は、契約書中に、相殺を行う場合の充当順序について合意しておくことが望ましいと考えられます（後掲「建物賃貸借契約の書式の見直し案」を参照してください。）。

3 賃料の増減額請求──消滅時効や法定利率の見直しの影響を含めて

Q39　賃料増減額請求

今回の改正で賃料の増減額請求はどのように変更されますか。

A　通常の不動産賃貸借契約について、今回の改正による賃料の増減額請求への影響は基本的にないと考えられます。

1．民法上の賃料増減額請求

　改正前民法は、①収益を目的とする土地（宅地を除く。）の賃借人が不可抗力によって賃料より少ない収益を得たとき（改正前609条）、および、②賃借物の一部が賃借人の過失によらないで滅失したとき（改正前611条1項）、賃借人が賃料の減額を請求できると定めていました。これに対し、今回の改正では、まず、上記①の「収益を目的とする土地」を「耕作又は牧畜を目的とする土地」と文言を改めて、減額請求ができる土地を限定しました（改正後609条）。

　これは、借地借家法11条や農地法20条による賃料の増減額請求に関する規定が存在するため、改正前民法609条が実質的にはその機能を失っているとの指摘や、単に収益が賃料より少なかったという事情をもって賃料の減額請求を認めることは相当でないとの指摘を前提としつつ、他方で、農地法2条1項に規定する農地および採草放牧地の賃借人を保護する必要があるとの指摘も踏まえて、賃料減額請求ができる土地を限定したものです。

　また、上記②のとおり改正前民法には、賃借物の一部滅失による賃

料の減額請求の規定がありましたが（改正前611条1項）、今回の改正により当然減額の構成に改められています（改正後611条1項）（**Q22**を参照してください。）。

2． 借地借家法11条、32条および農地法20条による賃料増減額請求

このように、今回の改正では民法上の賃料の減額請求について変更がなされていますが、借地借家法11条および32条や農地法20条による賃料の増減額請求については、変更はありません。

通常の不動産賃貸借契約について、法律上の賃料の増減額請求がなされる場合に、その根拠となるのは借地借家法11条または32条となります。したがって、今回の改正により、通常の不動産賃貸借契約を対象とする賃料の増減額請求への影響は基本的にないと考えられます。

Q40 未払賃料の請求・賃料増減額請求と消滅時効、法定利率

今回の改正を受け、未払賃料の請求や賃料の増減額請求をする場合に、消滅時効や遅延損害金との関係で、どのような点に留意する必要がありますか。

A 今回の改正で、消滅時効についてはその単純化・統一化、遅延損害金に適用される法定利率については固定制から変動制への転換という大きな見直しがなされましたが、未払賃料の請求や賃料の増減額請求をする場合における実務上の影響は限定的と考えられます。

1. 消滅時効や法定利率に関する見直し

(1) 消滅時効の見直し

改正前民法下で、債権一般の消滅時効の原則的な時効期間は10年とされていました（改正前167条1項）。賃貸借契約に基づく賃料債権に適用される時効期間は、その例外であり、定期給付債権として5年の短期消滅時効が適用されるとされていました（改正前169条）。また、商行為によって生じた債権の時効期間は、5年となっていました（改正前商法522条。商事消滅時効）。

今回の改正では、時効期間の単純化・統一化を図るため、定期給付債権の短期消滅時効（改正前169条）、職業別の短期消滅時効（改正前170条～174条）および商事消滅時効（改正前商法522条）が廃止されました。その上で、債権の原則的な時効期間は、①債権者が「権利を行使することができることを知った時」から5年（いわゆる主観的起算点）、②「権利を行使することができる時」から10年（いわゆる客観的起算点）とされました（改正後166条1項）。

(2) 法定利率の見直し

　遅延損害金に適用される法定利率（約定利率が法定利率を超えるときを除きます。）は、改正前民法下では、原則として年5％であり（改正前404条）、商行為によって生じた債権については年6％とされていました（改正前商法514条。商事法定利率）。

　今回の改正では、法定利率は原則として一旦年3％に引き下げられるとともに、3年ごとに、市場金利の動向を踏まえて所定のルールに基づいて変動する扱いに改められました（改正後404条）。これに伴い商事法定利率は廃止されることになりました。

2．未払賃料の請求の局面における影響

(1) 賃料債権の消滅時効

　改正前民法下では、賃料債権については5年の短期消滅時効とされていたところ（改正前169条）、今回の改正により、短期消滅時効が廃止されて、債権の原則的な時効期間が改正後166条1項（主観的起算点からの5年と客観的起算点からの10年）に一本化されることから、10年の時効期間が適用され得るという点で賃料債権の時効期間が長期化するようにも見受けられます。

　もっとも、賃料債権に関しては、特段の事情がない限り、賃貸借契約で定めた賃料の弁済期が到来した時点が賃料債権を「行使することができる時」であり、かつ、債権者である賃貸人が賃料債権を「行使することができることを知った時」であると考えます。つまり、賃料債権については主観的起算点と客観的起算点が通常一致しているといえ、今回の改正後も改正前と同様に、賃料債権の時効期間は多くの場合には5年となるものと考えられます。

(2) 未払賃料の遅延損害金

　賃借人が賃料の支払いを怠った場合における遅延損害金の額は、法

定利率（約定利率が法定利率を超える場合には約定利率）に基づいて算定されます。今回の改正では、法定利率が年5％から年3％に一旦引き下げられ、その後、市場金利の動向を踏まえて所定のルールに基づいて変動する扱いに改められます。

そのため、未払賃料に係る遅延損害金について、今回の改正後の法定利率が適用される場合、今後、法定利率の変動がない限り、遅延損害金の額は年3％の利率により算出されることになりますので、留意が必要です。

3．賃料の増減額請求の局面における影響

(1) 増額部分の消滅時効

賃料増額請求の意思表示がなされた後、賃貸人と賃借人との間で協議が整わないままに5年以上が経過している事案などでは、増額部分の賃料債権について消滅時効の成否が問題となります。従来の裁判例は、増額部分の賃料債権の消滅時効は、増額を正当とする裁判の確定時ではなく、弁済期の翌日から進行するとしています（東京地判昭和60・10・15判時1210号61頁）。

前述のとおり、賃料債権の時効期間は基本的に5年になると考えられますが、増額部分については、その起算点が、①弁済期の翌日か、②増額を正当とする裁判の確定時か、条文上必ずしも明らかではありません。仮に①であるとすれば、たとえ増額を正当とする裁判が確定する前であっても、弁済期の翌日から5年が経過すれば、増額部分の賃料債権について消滅時効が完成したと判断される可能性がありますので、あらかじめ時効が完成しないよう、催告や裁判上の請求等による手当てを講じておくことが望ましいといえます。この点は、改正前民法下でも実質的に同様の問題があり、今回の改正においても、それが解消していないともいえます。

(2) 賃料増減額の裁判が確定するまでの期間の差額の精算

　借地借家法は、賃料増減額請求がなされてから裁判で賃料が確定するまでの間、減額請求であれば賃貸人が「相当と認める額」を、増額請求であれば賃借人が「相当と認める額」を、それぞれ賃借人が支払うものとしています。その後、裁判で賃料の額が確定した場合、賃貸人と賃借人とは、既に支払われた賃料と裁判で確定した賃料との差額に年1割の利息を付して精算するものとされています（借地借家法11条2項・3項、32条2項・3項）。

　この年1割の利息については、今回の改正に伴う変更はありません（整備法25条。**Q4**参照）ので、改正前民法下と同様の取扱いになります。

4 賃貸人の地位と敷金返還債務の移転に係るルール

Q41　賃貸人の地位の移転

　不動産賃貸借契約の継続中に賃貸人が変更する場合に、どのような手続が必要でしょうか。また、この点につき今回の改正により変化はあったでしょうか。

A　不動産賃貸借契約における賃貸人の変更についての民法の規定は、目的不動産の譲渡に伴って賃貸人たる地位の移転が生じる場合とそうでない場合とで異なっています。賃貸中の不動産が譲渡された場合には、譲渡に伴って原則当然に新所有者が賃貸人となって旧所有者は賃貸借関係から離脱します。それ以外の場合には、賃貸人を変更するには賃借人の承諾が必要とされています。今回の改正は、これまでの裁判例や実務の取扱いを追認したものと捉えられており、改正の前後で大きな変化はないと思われます。

1．概説

　不動産賃貸借契約の期間中賃貸人が変わること（「賃貸人たる地位の移転」）は、賃貸中の目的不動産が売却された場合に旧所有者から新所有者に賃貸人たる地位が移転する場合に典型的に生じます。しかし、例えば不動産の流動化案件の場合等は、所有者（信託受託者）と賃借人兼転貸人（マスターレッシー）との間で原賃貸借（マスターリース）が締結され、実際に不動産を利用するテナントはマスターレッシーとの転貸借契約を締結する（サブリース）という形をとることもあり、この場合、実質的な不動産の所有権である受益権の譲渡等に伴って、マスター

レッシーが変わることもあります。この場合には、サブリースにおける賃貸人たる地位の移転は、不動産の譲渡とは無関係に発生します。民法上、賃貸人の変更のために必要な手続は、不動産の譲渡に伴って発生する場合とそうでない場合で異なっています。

2．不動産の譲渡に伴う場合の規律

　賃借人に賃貸借についての対抗力、すなわち、元の賃貸人以外の利害関係人に対しても賃貸借が有効であることを主張することのできる後述のような要件が備わっている場合には、目的不動産の売買等が発生しても賃借権が失われることはありません。元来は、賃貸目的物が譲渡され所有者が変わった場合には、賃借人は新所有者に対して賃借権を主張できない（このことを標語的に「売買は賃貸借を破る」といいます。）ことが賃借権を含む債権法の原則なのですが、これでは賃借人の地位が不当に害されるため、民法は救済規定を設けました。それが賃借権の登記により賃借権が対抗できることを定めた605条ですが、同条の解釈上、賃借人は賃貸人に対してかかる賃借権の登記を請求する権利までは認められないとされており、賃貸人が任意に登記に応じることは通常考えられないため、同条の規定では、賃借人の利益保護には不十分といわざるを得ません。そこで現在では借地借家法上、借地権の対抗要件が借地上の建物の保存登記により（借地借家法10条）、借家権の対抗要件が当該建物の引渡しにより（同法31条）、それぞれ備えられる旨が規定されています。

　今回の改正により、上記のように賃借人が対抗力を備えている場合においては、当該不動産の譲渡に伴い賃貸人たる地位が旧所有者から新所有者に当然に移転する（その結果、旧所有者は賃貸借関係から離脱する）という規定が加わりました（改正後605条の2第1項）。ただし、買主の方が賃貸人たる地位を賃借人に対して主張するためには当該不動産所有権の移転登記が必要です（同条第3項）。これらの点は、改正前

605条をめぐる従来からの判例（最判昭和33・9・18民集12巻13号2040頁）や一般的な学説上の考え方を明文化したものであり、従前の実務の取扱いを変えるものではないものと思われます。

　これに対して、賃借人に賃貸借の対抗要件が備わっていない場合には、上記の原則に従い、不動産の譲渡により「売買は賃貸借を破る」ということになり、賃貸借は対抗できないはずです。しかし、そのような場合であっても不動産の売買をする当事者が賃貸借の存続を望むこともあるので、かかる売買当事者の合意がある場合には、賃借人の承諾なくして賃貸人たる地位を移転することができることになるという規定も、今回の改正により追加されました（改正後605条の3）。この点については、従来から実務上、駐車場の使用、自動販売機や電柱、鉄塔等の設置に伴う土地の賃貸借等、対抗力を備えることのできない賃貸借であっても賃料を伴うものについては、目的不動産の譲渡によって新所有者に移転することを前提として、これを通知することにより新所有者との間で継続して賃料のやりとりをすることが行われていたため、今回の改正はそのような実務を追認するものといえます。なお、改正後605条の3が改正後605条の2第3項を準用しているので、この場合も、賃貸人の地位を主張するためには登記が必要となります。

　以上のとおり、不動産の譲渡に伴う賃貸人の地位の移転の場合には、原則として賃貸人の地位の移転に関して賃借人の承諾を得る等の手続は不要ということになります。

　なお余談ですが、立法段階では、動産の賃貸借についても、賃借人に対して目的動産の引渡しがあった場合には、その後当該動産の譲渡があった場合でも譲受人に対して動産の賃貸借を対抗できることとし、不動産賃貸借における賃貸借と譲渡の関係と同様の規定を入れることの是非を問う提案がありました。このような規定を入れることにより、例えばホテルの賃貸借で什器備品も含まれるような場合には、当該ホテルの譲渡に伴い、かかる什器備品についても当然に賃貸借の対抗を

Q41　賃貸人の地位の移転

受けることとなります。しかし、今般の改正においては、この提案は取り入れられませんでした。改正前民法上、動産の賃貸借で賃借人が引渡しを受けた場合に爾後の譲受人に対して対抗力を有するかについて、これを肯定するのが多数説と解説するものもありますが、これでは改正前605条が不動産賃借権にだけ一定の場合に対抗力を認めていることと整合性がありません。審議の過程においても、動産賃貸借の場合にはその形態に重要なものから日常的なものまで様々なものがあり得るが、これらすべてについて一律に、今までの原則を打ち破る改正を入れるための根拠に乏しい、これを取り入れることにより、不動産賃貸借の場合と平仄が合わなくなる（不動産賃借権の場合、改正前605条で原則的に必要とされている賃借権の登記請求権はないという見解が一般的であるが、動産の場合には賃貸借契約上引渡請求権が当然認められるため、対抗要件の具備についてむしろ動産の方が優遇されることとなる）、等の理由により導入は見送られたようです。

3．不動産の譲渡を伴わない場合の規律

　賃貸人たる地位の移転が目的物の所有権の移転と一致しない場合には、改正後民法により明文化された賃貸借契約上の賃貸人の地位の移転に関する特則の適用はないので、一般の契約上の地位の移転の規律が適用されることとなります。この場合には賃借人に賃貸借の対抗力があるかないかに関わらず、新旧賃貸人の合意のほか、賃借人の承諾が必要というのが、改正後民法の規律です（改正後539条の2）。この点についても改正前民法において特段の規定はありませんが、契約上の地位の移転については、（賃貸借契約の場合における、上記のような所有権移転に伴うような特殊な場合を除き）一般的な場合には移転を行う当事者の合意のみならず、その契約上の相手方の承諾が必要というのが一致した考え方であったため、今回の改正ではその点を明確にしたものです。

後述のように（**Q56**以下を参照してください。）、不動産の流動化案件などのような場合において、従来の賃貸借が転貸借に転化する場合、あるいは転貸人が交代するような場合には、転借人の承諾を取得することが必要となります。

Q42 賃貸人の地位の移転と前所有者への賃料支払い

不動産の譲渡に伴い賃貸人の地位が賃借人の関与なく移転した場合に、賃借人がそれを知らずに旧賃貸人に支払った場合については、どのように規律されますか。

A 目的不動産の譲渡により賃貸人の地位が移転したにもかかわらず、賃借人がそれを知らずに旧賃貸人に賃料を支払った場合の規律は、改正後605条の2第3項の問題および民法上のいわゆる債権の準占有者（改正後民法下においては「受領権者としての外観を有するもの」）への弁済（改正後478条）の問題として規律されます。具体的には、新所有者が不動産の所有権移転登記を経由する前には賃借人は旧賃貸人に支払いをなせばよく、登記経由後は、賃借人が旧賃貸人を依然として本来の賃貸人であると信じ、かつ、そのことについて無過失であった場合に、当該弁済は保護されます。

1. 債権の受領権者と認められるものへ弁済について

前記のとおり（**Q41**を参照してください。）、不動産の譲渡があった場合には、当該不動産にかかる賃貸借契約上の賃貸人たる地位は当該譲渡に伴って自動的に不動産譲受人に移転しますが、所有権移転登記がなされていない段階では、改正後605条の2第3項により、譲受人は新賃貸人たる地位を賃借人に対して主張できません。そのため、賃借人が進んで譲受人を新賃貸人と認めることはできますが（最判昭和46・12・3集民104号557頁）、そうでなければ、賃借人は、かかる事実を知っていようといまいと旧賃貸人に対して賃料を支払うことで免責されます。なお、同項は改正前の判例法理（最判昭和49・3・19民集28巻2号325頁等）を明文化したものであり、このような取扱いは、今回の改正により変わるものではありません。

IV 賃貸借契約の期間中の実務への影響

それでは、所有権移転登記がなされた場合はどうなるでしょうか。この場合、新賃貸人は賃借人に対して賃貸人としての権利を行使できることとなり、賃借人が新賃貸人以外の人に対して賃料を支払ったとしても、弁済による債務の消滅の効果は当然には発生しないはずです。しかし、賃借人が賃貸人の交代を知らず、かつ、そのことについて相当の理由がある場合には、かかる弁済を有効と認めるべき場合もあり得ます。そこで、一定の場合に債権者としての外観を有する者への弁済を有効と認める民法478条の適用が問題となります。

2．民法478条の改正

　改正前478条においては、債権の準占有者への弁済がなされた場合に、その者が真の債権者ではないことについて弁済者が善意かつ無過失である場合に限り、かかる弁済を有効とする旨規定していました。しかしこの点は一部改正があり、改正後民法では「債権の準占有者」という概念に代えて「取引上の社会通念に照らして受領権者としての外観を有するもの」という表現を用いています。善意無過失を要する、という後半の規律は、変更されていません。そこで、「準占有者」と「受領権者としての外観を有するもの」とがどのように違うのか、それとも違わないのかが問題となります。

　そもそも準占有という概念は、民法205条に現れています。そこでは「自己のためにする意思」をもって財産権を行使する場合に占有権の規律を準用する旨の規定が、「準占有」という表題の下設けられています。そして、同条との関係で、改正前478条でいう「準占有者」も自己のためにする意思で、すなわち自分が債権者であるとして債権を行使することが必要か、例えば債権者の代理人でないにもかかわらずそのような外観を呈する者に対して善意無過失で支払った債務者は、本条で保護されるかという問題があり（判例は肯定）、準占有者という概念がわかりにくい、という批判がありました。そこで、今回の改正

では、一般的に「受領権者」に対して「債権者及び法令の規定又は当事者の意思表示によって弁済を受領する権限を付与された第三者をいう」という定義を設け、債権者やその代理人の外観を呈する者を含め、取引上の社会通念に照らして受領権者と認められるものに対する弁済を、本条の規律対象とすることとしています。もっとも、この概念は、改正前民法下での判例上改正前478条が適用のある「債権の準占有者」に該当し得るとされた者を包含することができるような文言という趣旨で提案されており、改正前民法の解釈により認められている同条の適用範囲を変更する趣旨ではないようです。

3．賃貸人が交代した場合についての民法478条の当てはめ

(1) 裁判例の検討

次に、賃貸人が交代した場合に、そのことを知らずに旧賃貸人に支払うことについて本条の適用があり得るかについては、裁判例でこれを肯定したものがあり（東京高判昭和32・8・24下民集8巻8号1597頁。旧所有者（未成年）が賃貸中の土地（建物の所有目的で建物あり）について、その親権者の内縁の夫が譲渡担保に差し入れ、移転登記に必要な一件書類を交付していたところ、被担保債権を弁済した第三者が譲渡担保の目的たる土地の所有権を取得し、登記を経由した、という事案で、旧所有者も、また賃借人も、登記後もかかる事由を知らずに賃料の支払いを続けていたところ、上記裁判例は、かかる支払いは債権の準占有者に対する弁済として債務消滅の効果がある、と判示しました。）、一般論としてこの点を否定するという考え方はないと思われます。そうすると問題は、いかなる場合に債務者が無過失といえるかという点ですが、この点については、実は先ほどの裁判例は、（上記のとおり賃借人のみならず旧賃貸人も目的不動産の所有権移転の事実を知らなかった、というかなり特殊な案件ではありますが、）依然前所有者との間に賃貸借関係が存続するものと信じ、これに対して賃料を支払った場合において、過失の有無については特

段問題とすることなく、免責を認めているようであり、この点の判断に関しては、先例としてそれほど参考にはなりません。

(2) 改正の際の議論

そして実は、今回の改正の議論の過程において、「賃借人が目的不動産の所有権の移転を知らずに旧所有者に対して賃料を支払った場合には、その支払を新所有者に対抗することができる旨の特則を設けるべき」ではないか、つまり民法478条の本来の要件よりも緩やかに、善意で支払えば過失の有無を問わず保護される、という規律を設けるべきではないかという提案がなされていました。ただ、この点については、関係する会議の議事録を見る限り、あまり深く議論されることはなく、他の論点とともに分科会で補充的に検討されることとされたようですが、当該分科会ではこの論点が俎上に挙げられた様子はなく、次の「中間試案たたき台(5)」の段階で削除されています。提案の理由としては、賃貸目的物の譲渡に伴い賃貸人の地位が賃借人の同意等を得ることなく移転するのに対して、賃借人が当然にはそのことを知り得ないのでこれを保護する必要がある、という理由かと思われますが、削除の理由については、記録が残っていない以上はっきりしたことはわかりません。おそらく、わざわざ民法478条の規律を変えるまでもない、という判断であったのではないかと考えるのが、自然に思われます。

(3) 実体的利益衡量

しかし、賃貸目的不動産の譲渡に伴う賃貸人の交代の場合において、それを知らずに旧賃貸人に賃料を支払った賃借人の免責の有無について、適用があるのは民法478条の規律である、ということは間違いないにしても、このような場面において、どの程度の主観的要件があれば保護されるかという点は、上記以外にこれといった裁判例もなく、そもそも今までもあまり論じられていなかった点であるように思われ

ます。この点、無過失要件を厳格に突き詰めていけば、目的不動産の買主である新賃貸人が権利を主張するための要件である登記を経由していることが本条の適用の前提となるところ、賃借人としては、登記が経由されたにもかかわらずこれを確かめずに旧賃貸人に支払い続けたこと自体に過失が認められるということにもなりかねません。少なくとも、対抗要件が問題となる債権の二重譲渡の場面で、債務者が対抗問題において劣後する債権者に支払ったという事例において、最高裁は、民法478条の適用自体は否定していないものの、「債務者において、劣後譲受人が真正の債権者であると信じてした弁済につき過失がなかったというためには、優先譲受人の債権譲受行為又は対抗要件に瑕疵があるためその効力を生じないと誤信してもやむを得ない事情があるなど劣後譲受人を真の債権者であると信ずるにつき相当な理由があることが必要」という、厳しい判断基準を定立しています（最判昭和61・4・11民集40巻3号558頁）。これとパラレルに考えれば、賃貸借の場合においても、不動産譲渡行為または不動産登記に瑕疵がある等として、登記された所有者が真の権利者でないと信じてもやむを得ない事情などが必要ということになるようにも思われます。

　しかし、この点、先述のとおり、賃貸目的物の譲渡に伴う賃貸人の地位移転の場合においては、賃借人は権利の譲渡の事実を事前に知る機会を直接与えられないのであり、債権譲渡の場合で債務者への通知または承諾がなければ対抗要件が備えられないのと大きく状況を異にしています。また、逆に賃貸人側は通常、目的不動産が誰に賃貸されているかを容易に把握して通知を行うことができるはずです。このような利益状況の下、賃貸人の交代に関して何らの通知のない場合であっても、賃借人に対して、賃料の支払いごとに登記を確認して支払わなければ無効とされ得る、というのはやや酷に思われます。準占有者（改正後民法では受領権者としての外観を有するもの）の類型によって、要求される注意義務の性質も程度も異なる、と説かれているところでもあり（磯村哲編『注釈民法(12)』（有斐閣、1970）94頁〔沢井裕〕）、目的不

動産の譲渡に伴う賃貸人の地位の移転の場合には、登記を備えたことにのみによって、直ちに賃借人に過失ありとは認められないと解すべきようにも思われます。通常は、賃貸中の目的不動産を譲り受けたものが、登記を備えただけで賃貸人にその旨を連絡しないことは稀なように思われますが、これを遅らせた場合の不利益は、賃借人ではなく賃貸人が引き受けるべきではないかと考えられるからです。

(4) 実務上の留意点

そこで、以上を前提として、賃貸中の不動産が譲渡され、賃貸人の交代があった場合に、それぞれの当事者はどのように行動すべきかについて、以下検討します。

まず、賃貸人側、特に新賃貸人側としては、せっかく物件を取得しても、賃借人に家主の交代の事実を通知しなければ、旧賃貸人に対する賃料の支払いが有効になってしまいかねませんので、まずは通知をすることが重要になります。逆に、通知のみ行っても、譲渡がなければそもそも賃貸人の交代の効果が発生しませんし、また、登記がなければ自分からは賃貸人の地位の移転を主張することができません（賃借人に地位の移転を認めもらって支払いを受ける場合にのみ、かかる支払は有効となります。）。以上をまとめたのが、以下の表になります。

[賃貸目的不動産の譲渡の各段階と賃料を支払うべき相手方]

		譲渡前	譲渡後登記前	登記後
支払いの相手方として認められるか	旧賃貸人（旧所有者）	○	○（改正後605条の2第3項）	×（ただし改正後478条の適否）
	新賃貸人（新所有者）	×	△（賃借人が自ら認めた場合には可能）	○
新賃貸人からの交代通知の意味		この段階では、通知に特段の意味はない。	依然旧賃貸人への支払いも有効なので、登記も備えるべき。	改正後478条の適用を排除するために必要。

他方、賃借人としては、賃貸不動産が譲渡されたという情報を耳にしたものの、未だ新賃貸人等の連絡のない場合に、どのように対応すべきかという問題があります。

　上記のとおり、賃料支払いに際して都度登記を確認することを賃借人に要求することが法の趣旨とは考えにくいので、かかる確認をしないことを前提とすると、賃借人の現実的な対応としては、旧賃貸人に対して賃貸目的物の所有権移転の事実関係を確認の上、そのような事実がないということであれば（賃借人においても、譲渡があったという事実を具体的に把握していないことを前提とすれば）、旧賃貸人に対して支払っていればかかる弁済が有効とされることが多いのではないかと思われます。

　これに対して、譲渡があったということであれば、その旨の、できれば連名での、書面による通知を徴求し、かかる通知に従って、新賃貸人の指定する銀行口座に賃料を支払うことになると思われます。ただし、形式的に連名の通知であっても、書面の内容・形式面からみて真正性が疑われるようなもの（例えば当事者の押印のないものや重大な誤記がある場合等）については、そのまま支払うことが適当でない場合もあり得るでしょう。

　連名ではなく、新所有者（を名乗る者）による単独の通知があった場合はどうでしょうか。権利の取得者の単独での通知は、一般的に信憑性が乏しいものとされており、仮に外形上は問題のなさそうな通知であったとしても、かかる通知のみを信じて支払った場合において、それが真実と異なっていた場合には、過失を認定されるおそれは否定できませんので、注意が必要です。

　旧賃貸人と連絡が取れなくなり、賃借不動産が競売にかかっている、という噂が流れている、というような事態も考えられなくはありません。このような場合も、不動産の強制執行・担保権実行によって第三者が代金を納付して当該不動産の所有権を取得する（民事執行法79条）まではそれまでの所有者が賃貸人なのであり、買受人が代金を納付し

た場合には当該不動産の所有権移転登記の手続がなされるべきことが規定されていますので（同法82条1項、188条）、新所有者が現れた場合には登記を徴求することとし、それまでの間は、旧賃貸人（の賃料支払口座）に対して支払いを継続すれば足りるのではないかと考えられます。

　その他、事案に応じて誰を現在の賃貸人として賃料の支払いをなすべきかの判断が困難を伴うことはあり得ますが、いずれにしても、賃借人が賃料債務を負っており、金銭債務の不履行の場合の免責はきわめて難しいものとされている以上（民法419条3項において、不可抗力でも免責されないこととされています。）、現在の賃貸人が誰かについては可能な限り情報を集めるべきと思われますし、また、そうして情報収集した結果に基づき賃料の支払いを行った場合には、弁済が有効と認められる場面は多いのではないかと思われます。

　しかし、万が一通常の調査を尽くしても債権者の支払先の情報がわからず、またはいずれが真の債権者か疑問が残る場合には、究極の手段としては、債権者不確知を理由とする供託（改正前494条後段）を行うことも考えられます。ただ、この場面でも法律上債権者不確知を理由として供託が認められるのは、弁済者が過失なく債権者を確知できなかった場合に限られますので、登記がある場合でも無過失と言えるかが問題となります。この点本条の無過失とは、債務者が善良なる注意を払っても債権者が誰かを知り得ない場合とされていますが、先ほどと同様、賃借人に支払いの都度登記を調査することが求められているのではないことを前提とすれば、それ以外の通常とり得る方法によっても債権者が確認できない以上、無過失の要件が認められる可能性は高いのではないかと思われます。なお、供託は、オンラインで行うこともできます（供託規則38条以下）。

4．民法 478 条に基づく弁済が有効とされた場合の帰結

　旧賃貸人に対する弁済が民法 478 条に基づき有効とされた場合には、判例によれば、その効果は絶対的であり、新所有者からの請求は認められないばかりか、仮に後から債務者が間違いに気づいて旧所有者に対して不当利得の返還請求をなしたとしても、かかる請求も認められないこととなる、とされています。後は、新所有者から旧所有者に対する、建物譲渡後の期間に対応する賃料相当額の不当利得返還請求の問題、または、旧所有者に故意・過失がある場合には債権侵害による不法行為の問題として解決すべきことになります。

Q43　賃貸人の地位の移転と敷金

賃貸人が交代する場合において、敷金関係の承継については今回の改正によりどう変わるでしょうか。

A　今回の改正により、賃貸目的不動産の譲渡に伴って賃貸人が交代する場合に、敷金関係が当然に新賃貸人に対して承継されることについて、明文の規定が設けられました（改正後605条の2第4項）。これは改正前民法下の最高裁判例を明文化するもので、基本的に大きな影響はないものと思われます。不動産の譲渡に伴う場合以外であっても、同条項の適用を否定する理由はないように思われますが、この場合には、賃貸人の地位の移転には賃借人の同意が必要になることから、実務的には同意書を取得するにあたって敷金関係を新賃貸人が引き継ぐ旨の条項を入れており、今回の改正後もそのまま継続されることになると思われます。

不動産の譲渡に伴って賃貸人の地位が当然に移転する場合、および、譲渡の当初、改正後605条の2第2項の規定に基づき譲渡当事者間の合意によって留保されていた賃貸人の地位の移転が、当該当事者間における賃貸借の終了により移転する場合には、敷金の関係も新賃貸人に移転することが今回の改正により定められました（改正後605条の2第4項）。今回の改正前から、判例によれば、対抗力のある賃貸借の目的たる不動産の譲渡があった場合においては、賃貸人たる地位も譲渡に伴って当然に移転すると解されてきたことは既に述べたとおりですが（**Q41**を参照してください。）、その際、同じく判例上、敷金関係も原則として当然承継されると解されていました（大判昭和2・12・22民集6巻716頁）。今回の改正は、その旨を明確化したものです。

また、賃貸借契約に対抗力がないものの、不動産の譲渡に伴って譲渡当事者間の合意によって当該賃貸借を買主が承継した場合も、敷金

承継の規定の適用があることが定められます（改正後605条の3後段による改正後605条の2第4項の準用）。例えば、駐車場の賃貸借契約で敷金が差し入れられていたところ、当該不動産が譲渡され、譲渡当事者間で当該駐車場の賃貸借が承継される旨合意された場合等に、この規定の適用があります。

　以上に対して、不動産の譲渡を伴わないで、賃貸人の地位のみが移転する場合、すなわち、賃借人の承諾を得て賃貸人の地位が移転する場合（改正後539条の2参照）は、上記条項の適用があることは直ちに明らかではありません。しかし、敷金は賃貸借と密接な関係を有し、賃借人の債務の担保として、随伴性を有するものと取り扱うのが合理的であり、目的物の譲渡に伴う場合とそうでない場合に特に別異に取り扱う必要があるとは思われません。また、承諾を得て賃貸人たる地位が移転したにもかかわらず敷金関係は旧賃貸人が引き続き義務を負う、と解すると、逆に権利関係が錯綜すると思われるので、賃借人の承諾を得て賃貸人の地位が移転する場合であっても、特段の定めがなければ敷金関係は移転すると解するのが合理的と思われます。

　ただし、実務的な観点から見ると、いずれにしても賃貸人たる地位の移転について承諾を得ることが必須なのであれば、当該地位の移転に伴い敷金関係も新賃貸人のみが義務を負うことはこれまでも規定されてきたことであり、改正後民法下でも賃借人から承諾書を取得するに際してはその旨明記しておくことが望ましいものと思われます。

　なお、これに関連して問題になるのは、旧賃貸人の下で賃借人に延滞等が現に発生している場合に、当該延滞等が当然に敷金から充当された上で残額のみが新賃貸人に承継されるか否かです。判例は従来から、かかる取扱いを肯定し、延滞等が移転時に発生している場合は、残額のみが承継される旨判示していました（最判昭和44・7・17民集23巻8号1610頁）。これを受け、今回の改正においても、このような判例の取扱いを明文化する動きもありました。しかし、実務上は、目的不動産の譲渡時に延滞等が存在する場合においても、かかる延滞債権お

よび敷金債務全額をともに譲渡の対象に含めた上、譲渡当事者間で売買代金により精算等の処理をすることも多いようです。したがって、改正後民法はこの点についてはかかる判例の取扱いを明文化せず、個別の合意による取扱い（およびそのような実務の集積）に委ねることとされました。

　さらに、今回の改正に当たっては、不動産の譲渡に伴って賃貸借関係が承継される場合においては、権利関係の移転について賃借人の同意等が必要なく当然に移転することとの関係上、敷金に関しては旧賃貸人も引き続き義務を負うとの規定を入れることも、当初提案されていました。しかし、旧賃貸人が義務を負うといっても、その期間により、短期間すなわち賃貸借契約の満了より前であれば実効性がないこともあり、逆に長期になれば賃貸人の負担もさることながら、目的物がさらに譲渡された場合に各売主が負担を負うことになるのか、等という問題が指摘され、逆に賃借人の立場から見ても、敷金の返還について、現在の賃貸人でない売主の資力にそこまでの期待をしているか、等の指摘があり、この点は立法化されるには至りませんでした。

Q44　賃貸人の地位の移転と費用償還請求権

賃貸人が交代する場合において、費用償還請求権の承継については今回の改正によりどう変わるでしょうか。

A　民法608条に基づく必要費・有益費の償還請求についても、改正後605条の2第4項により、旧賃貸人の義務が当然に新賃貸人に承継されることが定められました。基本的には、これまでの一般的な解釈を踏襲するもので、改正による大きな影響はないものと思われます。ただし、この規定は任意規定であるところ、今回の改正により明示された賃借人の修繕権や賃借人の責による場合の賃貸人の修繕義務の免除等との関係で、具体的な償還請求権の存否が問題になる場面が増えることも予想されます。したがって、賃貸中の不動産の譲渡を受ける際には、実際に償還義務を引き受けるか否かの判断にあたって、賃貸借契約上の費用償還に関する規定や具体的な償還請求権の有無などに、より注意が必要になるものと思われます。不動産の譲渡に伴う場合以外であっても、同条項の適用を否定する理由はないように思われますが、これまでの実務ではこの点を意識されることは少なかったように思われます。

　賃借人が、賃貸不動産について、民法608条1項の定める「必要費」または同条2項の「有益費」を支出した後（ちなみに民法608条は、今回の改正によって変更は予定されていません。）、賃貸不動産の譲渡に伴って賃貸人が交代した場合については、改正前民法上特段の規定はなく、ただ、後者については、判例（最判昭和46・2・19民集25巻1号135頁）上、特段の事情がなければ、新賃貸人が有益費の償還義務を承継し、旧賃貸人は償還義務を免れるとされていました。ここでいう「必要費」とは、通常、目的物の原状維持または原状回復のために必要な費用のほか、目的物を通常の用法に適する状態において保存するために支出された費用を含むものと解されています（例えば、周囲の盛土によりそ

のままでは雨水がたまり利用できないため借地に盛土した費用)。これに対して、目的物の使用収益そのもののために必要な費用は、ここでいう必要費には該当しない、とされています。また、「有益費」とは、賃貸借の目的から判断して、目的物の価値を増加させる費用であるとされています。

　今回の改正によって、上記判例で対象となっていた有益費のみならず、必要費についても、新賃貸人に承継されることが規定されます。これに対しては、有益費はともかく、必要費については、民法608条の規定によりその時点の賃貸人に「直ちに」償還を請求することができるのであるから、わざわざ承継の規定を置く必要があるか、という点が指摘され得るところではあります。ただ、逆に言えば、賃貸借の終了時に実際の償還義務が発生する有益費よりも、費用の支出により直ちに発生し、現実に旧賃貸人に対して請求が可能な必要費償還請求権こそ、譲渡による賃貸人の交代までに請求がなされなかった場合にどちらに請求ができるかということを定めておく必要が高いとも考えられます。実際、もともとの立法提案ではむしろ必要費の償還請求権のみが規定の対象とされていました。ただ、中間試案のたたき台の時点で「民法第608条に規定する費用の償還に係る債務」が不動産の譲受人に移転する、と一括りにされ、その理由としては「費用償還債務については、必要費、有益費ともに、その償還債務は新所有者に当然に移転すると解されていることから」この一般的な理解を明文化するとしており、そのまま今回のように立法化されています。

　また、敷金関係の承継と同様、賃貸借契約に対抗力がないものの、不動産の譲渡に伴って譲渡当事者間で当該賃貸借を買主が承継した場合も、費用償還義務の承継が適用あることが定められます(改正後605条の3後段による改正後605条の2第4項の準用)。

　以上のとおり、改正後民法の下では、賃貸目的物の譲渡に伴って、賃貸人たる地位が譲受人に移転する場合には、賃借人が支出した必要費および有益費の償還請求権も原則として当然に譲受人に移転するこ

とが定められました。これは上記のとおり、有益費に関する判例その他一般的な理解を明文化したものであり、それ自体大きな影響を及ぼすものではないと思われます。もっとも、償還請求権の承継に関する改正後民法の規定は任意規定であり、当事者が別段の合意をする場合にはそれに従うことになります。そもそも、賃貸借契約の中には、修繕等は各当事者の責任範囲が分けられ、賃借人負担部分は賃借人が自己の責任において修繕等を実施し、賃貸人負担部分については賃借人に通知義務が課せられ、賃借人が自らかかる支出を行っても賃貸人は償還義務を負担しない、また、有益費や造作等の買取請求権も排除する規定となっている場合も、特に営業用不動産の場合には多いと思われ、かかる場合には、承継の問題そのものが生じません。しかし、そうでない場合については、今回の改正により明示された賃借人の修繕権や賃借人の責による場合の賃貸人の修繕義務の免除等との関係で、改正後、旧賃貸人と賃借人との間で具体的な償還請求権の存否が問題になる場面が増えることも予想されます。仮に承継の段階で具体的にそのような紛争が生じている場合には、譲渡人が自己の責任において賃借人との間で当該問題を解決し、譲受人に責任を負担させない旨の規定を入れること、また、譲渡人に対してその紛争そのものの不存在を表明および保証させることも考えられます。したがって、賃貸中の不動産の譲渡を受ける際には、賃貸借契約上の費用償還に関する規定や具体的な償還請求権の有無などに、より注意が必要になるものと思われます。

　不動産の譲渡を伴わない場合においては、どうでしょうか。民法608条の規定は、基本的には不当利得の返還請求権（民法703条）の特則であると考えられており、賃貸人が建物所有者でない場合には、賃貸人には利得は発生しないようにも思われますが、他方賃借人の立場からすると、自己の賃貸借が所有者との間のものか転貸借であるかで償還請求権が移転するか否かを区別する合理的な理由はなく、この場合にも償還請求義務が新賃貸人に承継されるとされる可能性は否定で

きないように思われます。しかし、これまでの実務の取扱いにおいては、敷金の場合と異なり、賃貸人たる地位の移転の承諾をテナントから取得する際に、償還請求権については明示的な定めを置くことは少なかったように思われます。賃貸借契約において修繕等の範囲や償還請求権について明確な責任区分がある場合には問題はあまりないと思われますが、そうでない場合には償還請求にかかる費用負担をどうするかは、あらかじめ譲渡当事者間で協議しておくことも必要な場面があるかもしれません。

5 妨害停止等請求権

Q45 妨害停止等請求権

今回新たに規定された不動産の賃借人による妨害停止等請求権について教えてください。

A 今回の改正では、改正前民法下における判例法理が明文化され、対抗要件を備えた不動産の賃借人の第三者に対する妨害停止請求権および返還請求権（以下「妨害停止等請求権」と総称します。）の規定が新たに設けられました（改正後605条の4）。

1. 改正の趣旨・内容

(1) 賃借権に基づく妨害停止等請求権の意義

不動産の賃借人が第三者により賃借物の使用・収益を妨げられた場合、賃借人は、当該第三者に対して、①占有保持の訴えに基づく妨害の停止請求（民法198条）や占有回収の訴えに基づく賃借物の返還請求（民法200条1項）といった占有の訴えを用いることが可能です。また、②賃貸人が有する妨害排除請求権や返還請求権といった物権的請求権を賃借人が代位行使（民法423条）することも古くから認められてきました（大判大正9・11・11民録26輯1701頁）。

もっとも、①の占有の訴えについては、賃借人が賃借物の占有を得ていない場合には行使できず、賃借物に対する妨害が消滅した後または占有を奪われた時から1年以内に提起する必要があるといった限界があります（民法201条1項・3項）。また、②の物権的請求権の代位行使については、第三者が二重賃借人であるなど、第三者が賃貸人との

関係で占有権原を有している場合には行使することができないといった限界があります。

このように、①の占有の訴え、②の物権的請求権の代位行使のいずれについても一定の限界があり、対抗要件を備えた賃借権に基づく妨害停止等請求権は、①の占有の訴えや②の物権的請求権の代位行使によることができない場合にも賃借人が行使できる独自の意義を有する請求権として、判例上認められてきました（最判昭和28・12・18民集7巻12号1515頁、最判昭和30・4・5民集9巻4号431頁など）。

(2) 改正の趣旨

もっとも、上記のとおり、対抗要件を備えた賃借人の第三者に対する妨害停止等請求権は判例上認められたものであって、明文の規定を欠くため、その要件は必ずしも明確ではありませんでした。

そこで、今回の改正では、従来の判例を踏まえて、対抗要件を備えた不動産の賃借人の妨害停止等請求権の規定が新たに設けられ、要件の明確化が図られました（改正後605条の4）。

(3) 改正の内容

① 賃貸借の対抗要件

賃借人の第三者に対する妨害停止等請求権を行使するためには、借地借家法その他の法令の規定に基づく賃貸借の対抗要件を具備することが必要とされています（改正後605条の4柱書、改正後605条の2第1項）。

なお、不法占有者との関係では、妨害停止等請求権の行使のために対抗要件の具備は不要であるという見解が改正前民法下では有力でしたが、改正後605条の4はこのような見解を否定したものではなく、この点については解釈に委ねられていると考えられます。

② 行使の主体

改正後605条の4は、判例の蓄積を踏まえ、「不動産」の賃借人に対して妨害停止等請求権を認めています。

③ 妨害停止等請求権の内容

賃借人による妨害停止等請求権の内容については、所有権に基づく物権的請求権の概念整理に従った規定が設けられました。

所有権に基づく物権的請求権については、①占有により所有権が侵害されている場合の返還請求権、②占有以外の方法により所有権が侵害されている場合の妨害排除請求権、③所有権に対する侵害を生じるおそれがある場合の妨害予防請求権の3種があるとされています。

このような整理に従って、賃借人による妨害停止等請求権として、不動産の占有を妨害する第三者に対する妨害停止請求権（改正後605の4第1号）と、不動産を占有する第三者に対する返還請求権（改正後605条の4第2号）の規定が設けられました。

なお、妨害予防請求権については、賃借権というものはあくまで債権であって、物権的な効力が認められるのは例外的であるとして、今回の改正では規定は設けられていません。

2．実務上の影響

従来の判例法理を明文化するものであり、今回の改正による賃貸借取引実務への影響は大きくないと考えられます。また、妨害停止等請求権の行使は賃貸借契約の規定にかかわらず認められることから、妨害停止等請求権との関係で賃貸借契約に新たな規定を置く必要は通常ないといえます。

3. 改正後民法の適用に関する経過措置

　改正後605条の4の規定は、施行日以後に不動産の占有を第三者が妨害し、または不動産を第三者が占有している場合に適用されます（附則34条1項・3項）。

V

賃貸借契約の終了時の実務への影響

1 解除の要件と効果——信頼関係破壊の法理への影響を含めて

Q46 賃貸借契約の解除の要件

賃貸借契約を解除する場合の要件はどのように変わりますか。

A 今回の改正では、いわゆる法定解除について、契約解除の要件から債務者の帰責事由が除外されるとともに、契約の解除が、催告による解除（改正後541条）と催告によらない解除（改正後542条）の2つの類型に整理されました。

　無断譲渡や無断転貸を理由とする賃貸借契約の解除（民法612条2項）の要件については、変わりはありません。

1. 改正の趣旨・内容

(1) 概要

　改正前民法は、契約の解除について、履行遅滞等による解除（改正前541条）、定期行為の履行遅滞による解除（改正前542条）および履行不能による解除（改正前543条）の3つの類型を定めており、いずれも債務者の帰責事由が解除の要件であると解されていました（改正前543条ただし書参照。なお、改正前541条や改正前542条には、債務者の帰責事由を要件とする旨の文言はありませんでしたが、これを必要と解するのが通説とされていました。）。

　今回の改正では、解除の要件から債務者の帰責事由が除外されるとともに（改正前543条の削除）、契約の解除が、催告による解除（改正後541条）と催告によらない解除（改正後542条）の2つの類型に整理さ

れました。

また、債務の不履行が債権者の責めに帰すべき事由によるものであるときは、債権者側から契約を解除することができない旨の規定が新たに設けられました（改正後543条）。

(2) 催告による解除

当事者の一方がその債務を履行しない場合において、相手方が相当の期間を定めてその履行を催告し、その期間内に履行がないときは、相手方は、契約の解除をすることができます（改正前541条、改正後541条本文）。

今回の改正では、債務不履行が契約および取引上の社会通念に照らして軽微であるときには解除権が発生しないことがただし書に明記されました（改正後541条ただし書）。これは、不履行の部分が僅かである場合や付随的な債務の不履行の場合には、改正前541条による催告解除は認められないとする判例法理（大判昭和14・12・13法律新報567号23頁、最判昭和36・11・21民集15巻10号2507頁など）と同様の考え方によるものと解されます。

(3) 催告によらない解除

① 全部解除

次の場合、債権者は催告することなく、直ちに契約を解除することができます（改正後542条1項）。

(ⅰ) 債務の全部の履行が不能であるとき。
(ⅱ) 債務者がその債務の全部の履行を拒絶する意思を明確に表示したとき。
(ⅲ) 債務の一部の履行が不能である場合または債務者がその債務の一部の履行を拒絶する意思を明確に表示した場合において、残存する部分のみでは契約をした目的を達することができないとき。

> (iv) 契約の性質または当事者の意思表示により、特定の日時または一定の期間内に履行をしなければ契約をした目的を達することができない場合において、債務者が履行をしないでその時期を経過したとき。
> (v) 上記(i)から(iv)のほか、債務者がその債務の履行をせず、債権者が催告しても契約をした目的を達するのに足りる履行がされる見込みがないことが明らかであるとき。

② 一部解除

次の場合、債権者は催告することなく、直ちに契約の一部を解除することができます（改正後542条2項）。

> (i) 債務の一部の履行が不能であるとき。
> (ii) 債務者がその債務の一部の履行を拒絶する意思を明確に表示したとき。

(4) 改正後民法の適用に関する経過措置

改正法の施行日前に契約が締結された場合におけるその契約の解除については、改正後541条から改正後543条まで、改正後545条3項および改正後548条の規定にかかわらず、なお従前の例によるとされています。

2．賃貸借契約の解除

賃貸借契約に関して契約の解除が問題となる典型的な場面としては、①賃借人による賃料の不払い、②賃借人による用法違反、③賃借権の無断譲渡または無断転貸、④賃貸人による修繕義務違反が考えられます。

これらの場合、改正前民法では、賃借権の無断譲渡または無断転貸

に関しては民法612条2項、それ以外については改正前541条に基づいて、それぞれ賃貸借契約を解除することができると解されていました（ただし、信頼関係破壊の法理により解除が制限される場合があることについては、**Q47**を参照してください。）。

　今回の改正では、改正後541条に債務不履行が契約および取引上の社会通念に照らして軽微であるときには解除権が発生しない旨のただし書が加えられたに留まり、また、賃借権の無断譲渡、無断転貸による解除に関する民法612条2項は改正の対象になっていませんので、賃貸借契約を解除する要件について、実務への影響は限定的と考えられます。

　なお、今回の改正は、民法上の解除（いわゆる法定解除）に関するものであり、当事者間の約定に基づく解除（約定解除）が可能であることに変わりはありません。賃貸借契約では、通常、契約の解除に関する規定が置かれる扱いになっており（後掲「建物賃貸借契約の書式の見直し案」を参照してください。）、当事者が解除権を行使する場合、賃貸借契約上の解除の規定に基づくことが多いため、その意味でも、今回の改正の影響は限定的と考えられます。もっとも、約定解除権の行使に際し、例えば、軽微な義務の不履行に留まる場合には、賃貸借契約上の解除の規定にかかわらず、裁判上、解除権の行使が制約されるといった形で改正の影響が及ぶ可能性はあり、今後の動向に留意が必要といえます。

Q47　信頼関係破壊の法理

いわゆる信頼関係破壊の法理はどうなりますか。

A 信頼関係破壊の法理の明文化は見送られました。今回の改正後も不動産賃貸借契約の解除の局面で信頼関係破壊の法理が適用され得ることについて、基本的に変わりはないと考えられます。

1. 信頼関係破壊の法理

賃貸借契約は、当事者間の信頼関係を基礎とする継続的な契約関係であることから、判例（最判昭和28・9・25民集7巻9号979頁など）上、賃借権の無断譲渡または無断転貸があったとしても、賃貸人に対する背信行為と認めるに足りない特段の事情がある場合には契約の解除が認められないと解されています（いわゆる信頼関係破壊の法理）。また、賃借権の無断譲渡または無断転貸による解除以外の賃貸借における法定解除一般との関係でも、信頼関係破壊の法理により解除が制限される場合があると解されています。

2. 今回の改正における議論

今回の改正の検討過程では、賃借権の無断譲渡または無断転貸があった場合の信頼関係破壊の法理を明文化することの当否も議論されましたが、以下の指摘（法制審議会民法（債権関係）部会部会資料45「民法（債権関係）の改正に関する論点の検討(17)」34頁）などを踏まえ、明文化は見送られました。

① 信頼関係破壊の法理が借地借家法の適用される不動産の賃貸借を念頭に形成されてきたものであるから、動産の賃貸借や借地借

家法が適用されない不動産の賃貸借の場合も含めて、広く賃借権の無断譲渡や無断転貸の場合一般に妥当する法理といえるのかどうか疑問がある。
② 借地借家法が適用される不動産の賃貸借に関し、同法に賃貸人の承諾に代わる裁判所の許可の制度（借地借家法 19 条）が導入された後も、引き続き信頼関係破壊の法理が妥当するといえるのか疑問がある。
③ 賃借人の債務不履行を理由とする解除の場合にも妥当するとして、より一般的な規定とすべきであるという意見もあるが、信頼関係破壊の法理の射程はそれほど明確ではなく、少なくとも賃貸借における法定解除一般に妥当する法理として確立しているとはいえない。

3．今回の改正による影響

このように、今回の改正では、賃借権の無断譲渡または無断転貸があった場合における信頼関係破壊の法理を明文化することは見送られました。今回の改正後の信頼関係破壊の法理の適用については、以下のように考えられます。

まず、賃借権の無断譲渡または無断転貸による解除（民法 612 条 2 項）の局面では、今回の改正の前後で根拠条文（民法 612 条 2 項）に変更がなく、その他に信頼関係破壊の法理の適用を排除する改正がなされているわけではないことから、(上記 2．②のような考え方はあるとしても) 今後、判例法理が変更されない限り、信頼関係破壊の法理が適用され得ることに変わりはないと考えます。

他方、賃借権の無断譲渡または無断転貸による解除以外の賃貸借における法定解除一般との関係では、今回の改正により、法定解除の要件として、不履行の軽微性の要件（催告解除の場合）や、契約目的が達成できるかどうかの要件（無催告解除の場合）が明文で規定されたこと

で（**Q46**を参照してください。）、改正前民法下で、信頼関係破壊の法理の問題として取り扱われてきた事案（の一部）が、そうした解除の要件を満たすかどうかの問題として処理されることになる可能性があると考えられます。この点は、今後の判例や紛争実務の動向を注視していく必要があるといえます。

Q48　賃貸借契約解除の効果

賃貸借契約を解除した場合の効果は変わりますか。

A　今回の改正によっても、賃貸借契約の解除が将来効であることについて変更はありません。

　改正前民法において、一般的な契約の解除の効果は過去に遡る（いわゆる遡及効）のに対し、賃貸借契約の解除は将来に向かってのみその効力を生じる（いわゆる将来効）とされていました（改正前620条前段）。この点、賃貸借契約の解除が将来効であることについては、今回の改正によっても変更はありません（改正後620条前段）。

　なお、改正前620条後段は「この場合において、当事者の一方に過失があったときは、その者に対する損害賠償の請求を妨げない」として、解除が将来効であるとしても損害賠償請求ができる旨を規定していましたが、今回の改正により、単に「この場合においては、損害賠償の請求を妨げない」と改められました（改正後620条後段）。これは、同趣旨の規定である改正前545条3項（改正後545条4項）と表現上の平仄を合わせることを理由とするものであり（『一問一答』314頁）、実質的な変更を企図する改正ではありません。

2 全部滅失等

Q49　賃借物の全部滅失等

賃借物が全部滅失等した場合の扱いはどう変わりますか。

A　今回の改正で、賃借物が全部滅失等した場合に賃貸借契約が当然に終了することが新たに規定されました（改正後616条の2）。

1．改正の趣旨・内容

(1)　改正の趣旨

賃借物が全部滅失した場合に賃貸借契約が終了するかという点に関して、改正前民法には明文の規定がありませんでした。この点について、判例（最判昭和32・12・3民集11巻13号2018頁等）は、賃借物が全部滅失した場合、賃貸借の趣旨が達せられなくなり、賃貸借契約は当然に終了するとしています。このような判例の立場は一般的に支持されており、今回の改正で明文化されることになりました。

(2)　改正の内容

今回の改正により、新たに「賃借物の全部が滅失その他の事由により使用及び収益をすることができなくなった場合」に賃貸借契約が当然に終了すると規定されました（改正後616条の2）。「滅失」以外の事由で使用収益が不能となった場合も賃貸借の終了事由となることに留意が必要です。具体的にどの程度の事由が生じた場合にこの要件を満たすかについては、賃貸借の目的に照らして解釈されることになると考えられます。

2. 実務上の影響

　改正後616条の2は従来の判例法理を明文化するものであり、今回の改正による賃貸借取引の実務への影響は大きくないと考えられます。

　従来の賃貸借契約においては、当事者に責めに帰すべき事由による賃借物の全部滅失等を契約の当然終了事由とする例が見受けられます。改正後616条の2は当事者の帰責事由の有無にかかわりなく適用される規定であるため、このような定めは契約の当然終了事由を同条より狭く定めるものといえます。同条は賃貸借契約に規定しないとしても適用されると考えられますが、当事者間の権利義務を明確にする観点からは、契約の当然終了事由の規定を同条に即したものに修正することが考えられます（具体的な規定としては、後掲「建物賃貸借契約の書式の見直し案」を参照してください。）。なお、賃貸借契約上、具体的な規定の仕方としては、賃借物の全部滅失等を当然終了事由ではなく、解除事由として規定することも妨げられない（その場合は、改正後616条の2に対する特則となる。）と考えられます。

　改正後616条の2の文言上、具体的にどの程度の事由が生じた場合に、「賃借物の全部が滅失その他の事由により使用及び収益をすることができなくなった場合」に該当するかは必ずしも明確でありません。当事者間の権利義務を詳細に設計することが要請される種類の賃貸借契約（例えば、証券化案件における主要な賃貸借契約）については、滅失等があった場合の扱いについて賃貸借契約に具体的に規定しておくことが望ましいといえます。

3. 改正後民法の適用に関する経過措置

　施行日前に賃貸借契約が締結された場合における当該賃貸借契約およびこれに付随する特約については、改正後民法の適用はありません（附則34条1項）。

3 原状回復と敷金の返還——通常損耗や経年変化の扱いを含めて

Q50　賃借人の収去権、収去義務

今回の改正により、賃借人の収去権や収去義務はどのように変わりますか。

A　今回の改正では、改正前民法下で規定のあった賃借人の収去権に加え、賃借人の収去義務の規定が新たに設けられました（改正後622条の準用する改正後599条1項本文および2項）。目的物から分離することができない物や分離するのに過分の費用を要する物については、収去義務の対象外とされています（改正後622条の準用する改正後599条1項ただし書）。

なお、賃借人の収去義務の対象外となる物であっても、賃借人に用法遵守義務の違反があり、損傷（改正後621条）と評価される場合には、原状回復義務の対象となり、結果的に、賃借人がその物を収去する責任を負担する可能性があります。

1. 改正の内容

改正前民法は「借主は、借用物を原状に復して、これに附属させた物を収去することができる」（改正前616条の準用する改正前598条）として、賃借人の収去権のみを規定していました。もっとも、従来、この規定は、賃借人の収去権だけでなく、収去義務を併せて規定する趣旨と解されていました。

今回の改正では、収去権や収去義務に関する一般的な理解を踏まえて、賃借人は収去権を有するとともに収去義務も負うことが明文化されました（改正後622条の準用する改正後599条1項本文および2項）。

また、例外的に、目的物から分離することができない物や分離するのに過分の費用を要する物については、賃借人が収去義務を負わないことが規定されました（改正後622条の準用する改正後599条1項ただし書）。

2．原状回復義務との関係

　賃借人の収去義務が及ばない物については、それが用法遵守義務違反にあたり損傷（改正後621条）と評価される場合には、賃借人は原状回復義務を負うものと解されています。

3．実務への影響

　今回の改正は、収去権や収去義務に関する一般的な理解を明文化したものであるため、実務への影響はないと考えられます。
　なお、「目的物から分離することができるか否か」や「分離するのに過分の費用を要するか否か」は、賃貸人と賃借人との間で認識に相違があり、争いとなる可能性もありますので、賃貸借契約締結時に原状回復義務の範囲や費用負担の区分を明確に合意し、回復すべき「原状」を書面や図面、写真等で特定しておくことで賃貸借契約終了時の紛争を未然に防ぐことが肝要です。

Q51　原状回復における通常損耗、経年変化

賃借人の原状回復義務の範囲についてはどのような変更がなされますか。

A　今回の改正では、賃借人は、賃借物の通常損耗および経年変化、賃借人の責めに帰することができない事由による損傷について原状回復義務を負わないことが明記されました（改正後621条）。判例法理や従来の一般的理解が明文化されたものです。

　今回の改正では、賃借人は、賃借物を受け取った後にこれに生じた「損傷」を原状に復する義務を負いますが、この損傷には「通常の使用及び収益によって生じた賃借物の損耗」（通常損耗）や「賃借物の経年変化」が含まれないことが明記されました（改正後621条本文）。また、賃借人の責めに帰することのできない事由による損傷についても、原状回復義務の対象外となることが明記されました（改正後621条ただし書）。

　この規定は、賃借人の原状回復義務に関する判例法理（最判平成17・12・16判時1921号61頁）や一般的な理解を明文化する趣旨であり、今回の改正により、賃貸借実務に実質的な影響はないと考えられます。なお、賃借人の原状回復義務に関する特約の有効性については、**Q52**を参照してください。

Q52 原状回復義務に関する特約の有効性、敷金の返還

改正後621条本文の規定と異なり、賃借人が通常損耗や経年変化についても原状回復義務を負う旨の特約を締結することはできますか。敷金の返還との関係も含めて、教えてください。

A 今回の改正後も当事者間の合意により賃借人が通常損耗や経年変化についても原状回復義務を負う旨の特約をすることはできますが、特約が明確に合意されたとは認められない場合や消費者契約法10条に抵触する場合には、特約が無効とされる可能性もあります。特約が有効であれば、敷金から通常損耗や経年変化に当たる部分も含めて原状回復費用を控除することができます。

1. 民法の任意規定と異なる特約の有効性

今回の改正では、賃借人が目的物の通常損耗や経年変化について原状回復義務を負わないという判例法理が明文化されましたが（改正後621条本文。Q51を参照してください。）、この規定は任意規定であり、当事者間の合意により、通常損耗や経年変化について、賃借人が原状回復義務を負う旨の特約をすることもできます。もっとも、従来の判例においては、「賃借人に……通常損耗についての原状回復義務を負わせるのは、賃借人に予期しない特別の負担を課すことになるから、賃借人に同義務が認められるためには、少なくとも、賃借人が補修費用を負担することになる通常損耗の範囲が賃貸借契約書の条項自体に具体的に明記されているか、仮に賃貸借契約書では明らかでない場合には、賃貸人が口頭により説明し、賃借人がその旨を明確に認識し、それを合意の内容としたものと認められるなど、その旨の特約（以下「通常損耗補修特約」という。）が明確に合意されていることが必要である」とされています（最判平成17・12・16判時1921号61頁）。

また、消費者契約法10条は、法令中の公の秩序に関しない規定の適用による場合に比して「消費者の権利を制限し又は消費者の義務を加重する消費者契約の条項であって、民法第1条第2項に規定する基本原則に反して消費者の利益を一方的に害するものは、無効とする」と規定していますが（**Q21**を参照してください。）、自然損耗等による原状回復費用を賃借人に負担させる特約が平成28年改正前消費者契約法10条により無効であるとした裁判例もあります（大阪高判平成16・12・17判時1894号19頁）。

　これらの判例等を踏まえて、国土交通省住宅局の「原状回復をめぐるトラブルとガイドライン（再改訂版）」（平成23年8月）は、①特約の必要性があり、かつ、暴利的でないなどの客観的、合理的理由が存在すること、②賃借人が特約によって通常の原状回復義務を超えた修繕等の義務を負うことについて認識していること、③賃借人が特約による義務負担の意思表示をしていること、という要件を満たしていなければ特約の効力を争われることに留意すべきであると指摘しています。

　以上のとおり、今回の改正後も目的物の通常損耗や経年変化について賃借人が原状回復義務を負うとする特約をすることはできますが、特約が明確に合意されたとは認められない場合や消費者契約法10条に抵触する場合、その効力が認められない可能性があることについては、引き続き留意する必要があります。

2．敷金の返還との関係

　今回の改正で敷金は「賃料債務その他の賃貸借に基づいて生ずる賃借人の賃貸人に対する金銭の給付を目的とする債務を担保する目的で、賃借人が賃貸人に交付する金銭」と定義されました（改正後622条の2第1項、**Q24**を参照してください。）。

　目的物の通常損耗や経年変化について賃借人が原状回復義務を負う旨の特約が有効であれば、かかる原状回復に要した費用も「賃借人の

賃貸人に対する金銭の給付を目的とする債務」に当たることとなりますので、賃貸人は敷金から通常損耗や経年変化に当たる部分も含めて原状回復費用を控除できることとなります。もっとも、賃借人が特約の有効性を争っている場合や具体的な原状回復費用の金額に納得していない状態で、これを一方的に敷金から控除してしまうと賃借人から敷金返還請求訴訟の提起等を受けることになります。そのため、賃貸人としては、賃貸借契約の締結までの時点、および、目的物を明け渡して敷金から対象債務を控除するまでの過程で、特約の存在、内容、具体的な原状回復の項目、金額、費用負担割合等について、賃借人に対して十分に説明し、理解を得る努力を尽くす必要があります。

ところで、賃貸借契約には、契約終了時に賃貸借契約に際して賃借人に差し入れさせた敷金のうち、一定額を控除し、これを賃貸人が取得できるとする条項（いわゆる敷引特約）が付されることがあります。居住用建物の賃貸借契約に付された敷引特約について、判例（最判平成23・3・24民集65巻2号903頁）は、「契約当事者間にその趣旨について別異に解すべき合意等のない限り、通常損耗等の補修費用を賃借人に負担させる趣旨を含むものというべきである」としています。その上で、同判例は、「建物に生ずる通常損耗等の補修費用として通常想定される額、賃料の額、礼金等他の一時金の授受の有無及びその額等に照らし、敷引金の額が高額に過ぎると評価すべきものである場合には、当該賃料が近傍同種の建物の賃料相場に比して大幅に低額であるなど特段の事情のない限り、信義則に反して消費者である賃借人の利益を一方的に害するものであって、消費者契約法10条により無効となる」としています（**Q26**を参照してください。）。

このように、裁判所は、通常損耗等の補修費用を賃借人に負担させる趣旨を含むいわゆる敷引特約について、消費者契約法10条により一律に無効とするのではなく、敷引金の額の相当性（および特段の事情の有無）を考慮して「消費者である賃借人の利益を一方的に害する」か否かを判断していると考えられます。

3. 賃貸借実務への影響

　今回の改正による規定（改正後621条）は、任意規定と異なる特約をすることとの関係では、改正前民法下の判例法理を前提とするルールと変わりはありませんので、特約の有効性に関する従来の考え方を直ちに左右するものではありません。

　しかし、基本法である民法に明文の規定が置かれたことの象徴的な意味は少なくないと考えられ、今後、特に賃借人が消費者の場合に、改正後621条と比べて賃借人に不利な特約をする場合には、消費者契約法10条を根拠とする無効主張がなされる場合が多くなる可能性があります（**Q21**を参照してください。）。

　そこで、賃借人が通常損耗や経年変化についても原状回復義務を負う旨の特約については、改正後621条の文言も勘案しつつ、関連する判例等にも留意しながら慎重に検討することが望ましいといえます。

4 債権回収の局面における影響──損害賠償のルールを含めて

Q53 債務不履行による損害賠償ルール（帰責事由・因果関係）

債務不履行による損害賠償のルールのうち、帰責事由や因果関係（損害賠償の範囲）はどのように変わりますか。

A 今回の改正により、帰責事由の適用範囲や判断基準が明確化されました。これにより、帰責事由の有無の判断において、「契約その他の債務の発生原因」をめぐる事情や「取引上の社会通念」が幅広く考慮されることが明確化されます。

また、因果関係（損害賠償の範囲）については、特別損害に関する損害賠償請求において、当時者がその事情を「予見し、又は予見することができた」という要件が、「予見すべきであった」に変更されました。これにより、損害賠償の範囲を定める際に、事実としての予見（可能性）の有無ではなく、規範的な評価がなされることが明確化されます。

1．帰責事由について

(1) 改正の趣旨・内容

① 帰責事由の適用範囲等の明確化

改正前415条は、履行不能による損害賠償についてのみ、債務者の帰責事由を要求しているように読めますが、判例および学説上、履行不能に限らず、金銭債務を除く債務不履行全般に債務者の帰責事由が必要であると解されています。

そこで、今回の改正により、履行不能以外の債務不履行（履行遅滞、

不完全履行を含みます。）についても債務者の帰責事由が存在しない場合に免責が認められることが明確化されました（改正後415条1項）。また、債務者に帰責事由が存在しないことの主張立証責任が債務者にあることも併せて明確化されました。

② 帰責事由の判断基準の明確化
改正前415条では、債務不履行責任の要件である債務者の帰責事由（「債務者の責めに帰すべき事由」）について具体的な判断基準は定められていませんが、今回の改正により、帰責事由の判断基準を明確化し、「契約その他の債務の発生原因及び取引上の社会通念に照らして」債務者の責めに帰することができない事由がある場合には、債務者は債務不履行責任を負わないことが明記されました（改正後415条1項）。

これは、裁判実務上、「債務者の責めに帰すべき事由」の意味については、契約から切り離された債務者の不注意と解されているわけではなく様々な要素が考慮されていることに沿う形で帰責事由の判断基準を明文化したものといえます。これにより、例えば契約上の債務不履行の帰責事由については、契約の内容（契約書の記載内容等）のみならず、契約の性質（有償か無償かを含みます。）、当事者が契約をした目的、契約の締結に至る経緯をはじめとする契約をめぐる一切の事情などが幅広く考慮されることが明らかになるといえます。

(2) 改正後民法の適用に関する経過措置

施行日前に債務が生じた場合（施行日以後に債務が生じた場合でその原因である法律行為が施行日前にされたときを含みます。）における債務不履行責任については、改正後民法の適用はありません（附則17条1項）。

▎2．因果関係（損害賠償の範囲）について

(1) 改正の趣旨・内容

　改正前416条2項は、債権者が、「特別の事情によって生じた損害」の賠償を請求できる要件を、当事者がその事情を「予見し、又は予見することができたとき」と定めていましたが、今回の改正により、この要件が「予見すべきであったとき」に変更されました（改正後416条2項）。

　これは、実務の運用に即して、「予見」が、債務者が現実に予見していたかどうかという事実の有無を問題とするのではなく、債務者が予見すべきであったかどうかという規範的な評価を問題とするものであることを条文上明確化するものです。これにより、条文上も、例えば、契約の締結後に、債権者が債務者に対してある特別の事情を告げさえすれば、その特別の事情によって生じた損害がすべて賠償の範囲に含まれるものではなく、債務者において「予見すべきであった」と規範的に評価される特別事情によって通常生ずべき損害のみが、賠償の範囲に含まれると解釈することが可能になるといえます。

(2) 改正後民法の適用に関する経過措置

　施行日前に債務が生じた場合（施行日以後に債務が生じた場合でその原因である法律行為が施行日前にされたときを含みます。）における債務不履行責任については、改正後民法の適用はありません（附則17条1項）。

Q54　過失相殺・損害賠償額の予定

過失相殺を行う場合や損害賠償額の予定をした場合に、今回の改正による変更はありますか。

A　今回の改正により、過失相殺については、「債務の不履行に関して債権者に過失があったとき」に加え、「債務の不履行による損害の発生若しくは拡大に関して債権者に過失があったとき」にも過失相殺を認めるという要件の変更がなされます。これは、判例法理を明確化したものに過ぎませんが、今後は、債権者の過失により、債務不履行による損害が拡大した場合に、かかる損害拡大部分につき、債務不履行と損害との因果関係を否定する主張に加え、過失相殺の主張がより行いやすくなることが考えられます。

　また、今回の改正により、損害賠償額の予定については、裁判所が予定賠償額を増減できない旨の定めが削除されますが、実務上、改正による実質的な変更はありません。

1．過失相殺について

(1) 改正の趣旨・内容

　損害賠償の責任と額は、公平の観念と信義則の見地から、債務不履行に関する債権者の過失を考慮して定めるものとされており、これを過失相殺といいます。

　改正前418条は、過失相殺の要件を「債務の不履行に関して債権者に過失があったとき」と定めていました。しかしながら、判例および学説上、債務の不履行に関して債権者に過失があったときのみならず、「債務の不履行による損害の発生または拡大」に関して債権者に過失があった場合にも過失相殺が認められると解されています。そこで、今回の改正により、「債務の不履行に関して債権者に過失があったと

き」に加え、「債務の不履行による損害の発生若しくは拡大に関して債権者に過失があったとき」にも過失相殺を認めることを明記することにより、判例法理が明確化されました（改正後418条）。

(2) 実務への影響

今回の改正は、従前から結論において異論のない考えを明確化したものですが、今回の改正後は、債権者の過失により債務不履行による損害が拡大した場合の損害拡大部分について、債務不履行と損害との因果関係を否定する主張に加え、過失相殺の主張をより行いやすくなることが考えられます。

最判平成21・1・19民集63巻1号97頁では、賃貸物件であるカラオケ店舗が浸水して同店舗での営業を行えなくなった賃借人が、賃貸人に対して営業利益の損失等による損害賠償を求めた事案において、裁判所は、当該店舗における営業の再開はいつ実現できるか分からない実現可能性の乏しいものとなっていたこと等の事実関係を前提に、賃借人がカラオケ店の営業を別の場所で再開する等の損害を回避または減少させる措置を執ることができたと解される時期以降における営業利益相当の損害は、民法416条1項の通常損害に当たらないと判断し、かかる損害の賠償請求を否定しました。同判例は、債務不履行と相当因果関係の範囲内にある通常損害の解釈により、損害賠償請求を一部否定したものですが、同種の事案において、同項に基づく相当因果関係を否定する主張に加え、債権者の過失による損害の拡大について過失相殺の主張を行うことにより債務者の損害賠償額を減額する方法も考えられ、上記の過失相殺の要件の明確化により、かかる主張がより行いやすくなることが考えられます。

(3) 改正後民法の適用に関する経過措置

施行日前に債務が生じた場合（施行日以後に債務が生じた場合でその原因である法律行為が施行日前にされたときを含みます。）における債務

不履行責任については、改正後民法の適用はありません（附則17条1項）。

2．損害賠償額の予定について

(1) 改正の趣旨・内容

債務不履行の場合に債務者が履行すべき損害賠償の額を、当事者間であらかじめ合意により定めておくことを、損害賠償額の予定といいます。

改正前420条1項後段は、当事者が債務不履行について損害賠償額を予定した場合に、「裁判所は、その額を増減することができない」と定めているものの、当該規定は、公序良俗違反等を理由とする減額まで否定する趣旨ではないと解されており、裁判例においても、現に生じた損害の額や賠償額の予定をした目的等を考慮して、予定賠償額のうち著しく過大と認められる部分等について、公序良俗違反等を理由に無効とする実務が定着しているといえます。そこで、損害賠償額の予定が公序良俗等に違反する場合であっても一切の減額が認められないとの誤解を回避するために、今回の改正では、改正前420条1項後段の定めが削除されます。

(2) 実務への影響

今回の改正は、改正前民法下における実務上の取扱いを変更するものではなく、改正後も、当事者間で損害賠償額を予定し、後日損害賠償額について紛争が生じた場合に、裁判所により、公序良俗違反等を理由に予定賠償額が減額され得ることに変わりはありません。

(3) 賃貸借契約において想定し得る予定賠償額の減額の事例

今回の改正の前後にかかわらず、例えば、期間の定めのある賃貸借契約において、賃借人が中途解約した場合の違約金条項を定めた場合、

その内容が賃貸人に著しく有利である場合などには、公序良俗違反等の一般条項を理由にその全部または一部が無効と判断される場合があります。また、賃貸借契約上の義務違反について損害賠償額が予定されているような場合にも、上記一般条項等を理由にその全部または一部が無効と判断される場合があると考えられます。

(4) 改正後民法の適用に関する経過措置

施行日前になされた損害賠償額の予定に係る合意については、改正後民法の適用はありません（附則17条4項）。

Q55　賃貸借契約に関する債権回収

今回の改正を踏まえ、賃貸借契約に関して債権回収を行う場合、実務上どのような点に留意すべきでしょうか。

A　今回の改正により、法定利率の変動制が適用されることになるため、期限の定めのない債権について債権回収を行うために訴訟提起をする場合、訴状の遅延損害金の支払いを求める記載に影響が生じることが考えられます。
　また、賃借人の用法違反に基づく賃貸人の損害賠償請求権は、賃貸人が賃貸物の返還を受けた時から1年を経過するまでの間は消滅時効が完成しないこととなるため、賃貸人としては、賃貸物の返還を受けてから、賃貸物に用法違反による損傷がないかどうかを確認し、損傷がある場合には、返還時から1年以内に請求すればよいことになります。

1. 法定利率の変動制に伴う債権回収の裁判実務への影響について

(1) 法定利率の変動制にかかる改正

契約当事者が契約で利率を定めていない場合や、利息が法律の規定によって発生する場合には、法定利率が適用されます。法定利率については、今回の改正により、年5％の固定制（改正前404条）から、年3％に引き下げた上で、3年ごとに見直し、市中の金利が一定程度変動している場合には利率を変動するという変動制が適用される（改正後404条）こととなります（法定利率に係る改正については、**Q40**も参照してください。）。

(2) 債権回収の裁判実務への影響

　例えば賃貸借契約の賃料のように、期限の定めのある債権について不払いがあり、訴訟において未払賃料と遅延損害金を請求する場合、当該未払賃料については、本来の支払期日の翌日から、当該時点において適用される法定利率に基づく遅延損害金が発生します。そのため、法定利率の変動制が採用された場合でも、訴状作成時には、（既に確定している）当該過去の支払期日の翌日時点において適用される遅延損害金の法定利率に基づいて請求の趣旨を記載すれば足ります。

　これに対し、債務の履行につき期限の定めのない債権について債権回収を行うために訴訟提起をする際には、訴状送達をもって当該債務を履行遅滞に陥らせ、併せて遅延損害金を請求すべく、訴状の請求の趣旨欄に「訴状送達の日の翌日から支払済みに至るまで、『年〇％の割合による』金員を支払え」と記載することが実務上多く存在します。この点、法定利率が変動制に移行すると、訴状送達の日の前後に法定利率が変更される場合があり得るところ、その場合に遅延損害金（利息）が発生することとなる「訴状送達の日の翌日」に法定利率が何％になるかを、訴状作成時にあらかじめ予測することは困難であり、請求の趣旨欄にどのような記載をするかが問題になると考えられます。すなわち、法定利率の見直しの基準となる「基準割合」は、ある期が始まる1年程度前には告示されることが予定されており、ある期において法定利率に変動が見込まれるか否かは、その期が始まる1年程度前には判明する仕組みとなっていますので（『一問一答』84頁）、訴状作成時において、訴状送達が見込まれる日の前後の法定利率の変動内容を予測することは可能ですが、実際の訴状送達の日がいつになるかの予測は困難です。そのため、訴状送達の日を見込んで具体的な利率の数値を記入すると、見込みがずれた場合に実際に適用される法定利率との齟齬が生じてしまうことになります。かかる問題を回避するには、例えば、「訴状送達の日の翌日から『適用されるべき民事法定利率による』金員（遅延損害金）を支払え」といった記載とする方法が考えられ

ますが、この場合に、仮に、判決において民事法定利率の特定がなされなければ、強制執行の可否が問題となり得るといえます。そのため、この点に関する裁判実務上の取扱いについては、今後、判決を下す裁判所の考え方なども考慮しながら、整理していく必要があると考えます。

なお、契約当事者が約定利率を定めている場合は、法定利率は適用されませんので、債権管理上の予見可能性を確保する観点からは、あらかじめ約定利率を定めておく方法が考えられ、この場合には上記の訴状の請求の趣旨の記載の問題は生じません。

(3) 改正後民法の適用に関する経過措置

施行日前に利息が生じた場合には、その利息を生ずべき債権に係る法定利率については、改正後民法の適用はありません（附則15条1項）。

2．賃貸人の損害賠償請求権に関する時効の完成猶予（使用貸借に関する改正後600条の準用）に伴う債権回収実務への影響について

(1) 改正（賃貸人の損害賠償請求権に関する時効の完成猶予）の趣旨・内容

賃借人が契約の本旨に反する使用収益をし、これによって賃貸物に損害が生じた場合、賃貸人は、賃借人に対する損害賠償を請求することができます。ただし、かかる用法違反によって生じた損害に関する賃貸人の損害賠償請求権は、①賃貸人・賃借人間の債権債務関係が長く尾を引くことを防止する趣旨で定められた、目的物の返還時から1年という除斥期間（改正前621条、改正前600条）のほか、②用法違反時から10年という消滅時効（改正前167条1項）にも服しています。しかし、賃貸人が、賃貸借期間中に賃貸物の状況を把握することは困難であるため、賃貸人が賃借人による用法違反の事実を知らない間に上

記②の消滅時効が進行し、長期にわたる賃貸借契約では、賃貸物の返還を受けたときには既に10年の消滅時効が完成している（例えば、賃貸借期間が20年の契約の場合に賃借人が賃貸借開始当初から用法違反を行っており、20年の期間満了時に賃貸人が目的物の明渡しを受けて室内を確認したところ、損害が発見された場合には、既に10年の消滅時効が完成しており、損害賠償請求権が行使できなくなる）といった不都合な事態が生じ得るとの問題点が指摘されていました。そこで、このような問題に対処すべく、当該損害賠償請求権については、賃貸人が目的物の返還を受けた時から1年を経過するまでの間は、消滅時効が完成しないという消滅時効の完成猶予の規定が新たに定められることとなりました（改正後622条、改正後600条2項）。なお、消滅時効については、今般の改正により、主観的な消滅時効の起算点が導入され、「権利を行使することができることを知った時」から5年間という時効期間が定められることになりましたが（改正後166条1項1号）、上記の消滅時効の完成猶予の規定は、当該新設された消滅時効にも適用されると解されます。

(2) 債権回収の実務への影響

賃借人の用法違反による損害賠償請求権が、賃貸借期間中（賃貸物の返還を受ける前）に、消滅時効の完成により行使できなくなるという事態は生じないこととなりますので、賃貸人としては、賃貸物の返還を受けてから、賃貸物に用法違反による損傷がないかどうかを確認し、損傷がある場合には、返還時から1年以内に請求すれば消滅時効の完成を免れられることになります。なお、賃貸人が当該損害賠償請求権を行使するには、賃借人による用法違反の存在、損害の発生、用法違反と損害との間の因果関係を立証する必要があるところ、返還時から期間が経過すればするほど、その立証は困難になることが考えられますので、賃貸人としては、賃貸物の返還時に損傷の有無を確認し、その記録を残した上で、損傷がある場合には速やかに賃借人に損害賠償

請求をするのが良いといえます。

(3) 改正後民法の適用に関する経過措置

　施行日前に賃貸借契約が締結された場合における当該賃貸借契約およびこれに付随する特約については、改正後民法の適用はありません（附則34条1項）。

VI

現代型取引の実務への影響

1 マスターリース契約とサブリース契約

Q56　マスターレッシーの役割

不動産流動化案件において、マスターレッシーはどのような役割を果たすのでしょうか。

A　不動産の流動化案件、特に受託者が不動産所有者となる信託スキームをとる場合において、受託者から一括して不動産を賃貸してこれをテナントに転貸する、いわゆるマスターレッシーが介在することがあります。受託者にとっては、特に多数のテナントが存在する場合にそれらとの権利関係の管理・交渉から解放されるというメリットがあります。マスターレッシーには、契約の当事者とはなるものの、自身はいわゆる SPC で中身がなく、物件の管理は第三者が行う場合（SPC 型）と、企業体としての実態を有しており、マスターレッシー自身がプロパティマネジャーとして物件の管理運営に当たる場合（マスターレッシー兼プロパティマネジャー、MLPM 型）があります。

1．概要

不動産の流動化とは、ある不動産を取得管理および処分することのみを目的とする法主体（このような、ある特別の目的のため作られた会社を一般に英語で Special Purpose Company、略して SPC といいます。）が、当該不動産を引き当てとして資金調達を行い、その資金により当該不動産を取得し、これを管理・運用・処分した結果、得られた金銭を資金の調達先に分配する一連の行為をいいます。この不動産の流動化を行う際、不動産の流通時に課せられる税負担（不動産取得税・登録免許税）

を小さくする、あるいは、現物不動産を保有する場合に適用のある法令（不動産特定共同事業法等）の適用を避ける等様々な理由により、SPCが直接当該不動産の所有権を保有するのではなく、当該不動産を主たる信託財産とする信託受益権の形で保有する形態が選択されることがあります。この場合、法的な不動産の所有権は、信託受託者に帰属することになります。

しかし不動産の流動化の場合、受託者は当該不動産の法的な所有者として、実質的な権利者＝受益者であるSPCまたはその委託を受けた第三者等の指図に従ってこれを管理処分する受動的な立場であり、受託者自らが不動産の管理運営に関して主体的に関与することは通常予定されていません。他方で不動産流動化の案件においては、取得した不動産を売却するまでの間、主として賃貸借によって運用していくため、場合によっては多数の賃借人と賃貸借関係を結び、そこから多くの権利義務や交渉事が発生する可能性があります。しかし、受託者がこれらの契約義務関係に拘束され交渉事に携わることも、流動化案件における受託者に期待される事務の範疇を超えたものとなります。

そのため、特に信託スキームの不動産の流動化案件においては、受託者は対象不動産をマスターレッシーと呼ばれる賃借人兼転貸人に一括して賃貸し（マスターリース契約）、マスターレッシーが各テナントとの間で転貸借契約（サブリース契約）を締結する、という方法がとら

［マスターリース契約とサブリース契約］

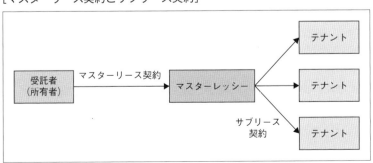

Q56　マスターレッシーの役割　　215

れることが一般的です。このことにより、受託者は不動産の所有者という立場を確保しつつ、賃貸借の日常的な管理事務の負担を免れることを可能にしています。

2. 新規の流動化案件組成の場合

既存の不動産を用いて新たに流動化案件を実行する場合には、不動産の売主が、目的不動産を売却してその後は当該不動産に関与しなくなる場合と、形式的に目的不動産を売却するものの再度これを借り受け（セール・アンド・リースバック）、その後もマスターレッシーとして不動産管理運営を担う場合とがあります。前者の場合には、マスターレッシーとなる者は、流動化を組成するにあたって、やはり当該目的のために作られた合同会社等のSPCとなることがほとんどです（これを「SPC型」ということにします。）。このSPCは、上記の不動産の受益権を取得するSPCと同一のこともありますが、法律上の制約等もあり、異なる場合の方が多いと思われます。これに対して後者の場合には、不動産売主は、マスターレッシーたる地位のほか、不動産の管理、すなわちプロパティマネジメント業務を請け負うため、受託者および受益者たるSPCとの間でマスターリースおよびプロパティマネジメント契約（MLPM契約）を締結します（これを「MLPM型」ということにします。）。

3. 既存の流動化案件の譲渡の場合

また、既に信託を用いた流動化スキームでマスターリース・サブリースの関係が構築されている場合において、当該信託の受益権が第三者に売却されることがあります。この場合、受益権の売主にとっては、当該受益金の売得金を投資家に分配することにより、その者にとっての不動産流動化は完結することになります。他方、受益権の買主にとっ

ては、当該受益権を取得することで、その者にとっての新たな不動産の流動化業務が開始することとなります。この場合、買主にとっては、これまでのマスターレッシーの関与を継続することにより潜在的な責任をも承継するリスクがあるため、受益権の譲渡に際しては、マスターレッシーたる地位も、今までのSPCから買主側で新たな組成されたSPCに移転することがほとんどです。もっとも、単にマスターリース契約およびサブリース契約上の賃借人および賃貸人（転貸人）たる地位をそのまま移転すればよいというものではなく、マスターリース契約を買主の書式に合わせる必要があるため、実務上は、一旦旧マスターリース契約を終了させ、テナント契約を信託受託者との間の直の賃貸借契約に転化させた後、受益権を買主に移転し、新たなマスターリース契約を締結した後、テナントとの契約を新たなマスターレッシーとの間のサブリース契約に再度転化させるという手続をとることとなります。

Q57　新規組成案件とテナント承諾

新規に不動産を信託銀行や SPC に譲渡してマスターリース関係を構築する案件で、マスターレッシーが入ることにつきテナント承諾の取得が必要でしょうか。

A　今回の改正の結果、Q56 における MLPM 型については、一定の要件を満たすことにより、テナント承諾は不要となりました。これに対して SPC 型の場合については、これまで同様テナント承諾は必要となります。

1. MLPM 型の場合

　MLPM 型の場合には、基本的には不動産の売主がそのままマスターレッシーになるのですが、改正前民法下においては、不動産賃貸借において賃借人が対抗力を有している場合、当該不動産の譲渡により、その賃貸人たる地位は、「特段の事情のない限り」賃借人の承諾を要せず自動的に譲受人に移転するという判例（最判昭和 46・4・23 民集 25 巻 3 号 388 頁など）が確立しているため、売主が受託者に対して目的不動産を信託譲渡した段階で、売主とテナントとの間の賃貸借契約は自動的に受託者に引き継がれることとなります。もっとも、上記の「特段の事情」があれば賃貸人の地位が移転しない（すなわち、売主とテナントとの間で賃貸借契約が存続する）ということですが、どのような場合にこれに該当するかは明らかではありませんでした。しかしこの点について平成 11 年に最高裁判所は、不動産の信託譲渡がなされたものの、信託譲渡に際して受託者との間において、既存の賃貸借関係を旧所有者に留保する旨の合意をした場合であっても、かかる事実をもって直ちに前記賃貸人たる地位の自動移転の例外を認める「特段の事情」に

は該当しないとして、受託者に対して賃貸人たる地位が移転する旨結論づけました（最判平成11・3・25集民192号607頁）。このような場合に地位の留保を認めると、賃借人が自己の関与なしに今までの賃貸借より不安定な転貸借関係同様の地位に立たされることになり、不測の損害を被るおそれがあるからという理由です。転貸借契約は、原賃貸借が債務不履行により解除された場合には、原則としてその目的物返還請求の際に履行不能となり終了するというのがこれも判例とされており（最判平成9・2・25民集51巻2号398頁）、賃借人の関与できないところで終了するリスクがあるためです。

　このように改正前民法下では、目的物が譲渡された場合に売主の下での賃貸借契約関係をそのまま留保できるかは、上記のとおり裁判実務においてこれを認めるための「特段の事情」が厳格に解されていたため、売主がマスターレッシーとなる転貸借に転化する場合には、事実上常にテナントの承諾を得ること（以下、単に「テナント承諾」といいます。）が必要とされ、そのように取り扱われてきました。しかし、テナントが多数にわたる場合にはこの手続は煩瑣であり、このような不動産の売買に伴って売主が賃貸人たる地位にとどまる場合にテナント承諾を得ないで行うようにしたいという要望が実務界からは挙がっていました。今回の民法改正においては、このような理由から、売買当事者の合意により、譲渡人の賃貸人たる地位を移転させない取扱いも可能とすることが、改正後605条の2第2項により規定されました。

　この規定により賃貸人たる地位を譲渡人に留保するための要件としては、不動産の譲渡人および譲受人が①賃貸人たる地位を譲渡人に留保する旨および②その不動産を譲受人が譲渡人に賃貸する旨の合意をなすことが必要とされています。また、この規定に基づき譲渡人に賃貸人たる地位が留保された場合において、当該譲渡人と譲受人との間の賃貸借が終了した場合は、譲渡人が留保していた賃貸人たる地位は、譲受人に移転することが定められました（改正後605条の2第2項後段）。これにより、上記の最高裁判所判決の指摘する、自己の関与なく賃貸

人から転借人になることとなるテナントが、それにより不利益を被るリスクの排除がなされることとなりました。上記のとおり、通常の承諾転貸借においては、原賃貸借の賃借人（転貸人）の債務不履行により賃貸人に解除権がある場合には、原賃貸借の解除を転借人にも対抗できるとされていたところ、今回の改正により、そのような場合には当事者の合意により原賃貸借を終了させても、転借人に対してもかかる終了を対抗することができない、ただし、賃貸人が原賃貸借の解除権を有していた場合はこの限りでないとの規定も新設されましたが（改正後613条3項本文およびただし書）、改正後605条の2第2項が適用ある場合については、原賃貸借が終了する場合には特に理由を限定することなく譲受人が賃貸人たる地位を承継することが定められており、単なる適法な転貸借関係の創設の場合に比べ、元々賃借人であった転貸人の場合には、その地位のいっそうの保護が図られていることとなります。

2．SPC型の場合

他方、SPC型の場合においては、マスターレッシーとなるSPCは売主とは別個の法人であり、改正後605条の2第1項・第2項の適用はなく、一般の契約上の地位の移転の規律に服するため、賃貸人たる地位が受託者に移った後に、改めて承諾を取ってSPCに賃貸人たる地位を承継させることが必要となります。実務上このような場合も多くあるため、改正後605条の2第2項のような特別規定を求めるニーズがあることは改正作業の中でも認識されていたようですが、結局、この点については、解釈に委ねることとされ、法制化されるには至りませんでした。テナント承諾が取れない限り、売主との間の賃貸借契約上の地位は、改正後605条の2第1項の規定により受託者に自動的に移転し、かつ、そこにとどまることとなりますので、受託者との間の直接の賃貸借関係が発生します。

Q58 改正後605条の2第2項とさらなる不動産譲渡の規律

改正後605条の2第2項により賃貸借契約上の地位を留保したまま不動産が譲渡された場合において、当該不動産がさらに譲渡された場合にはどのような規律になるのでしょうか。

A 改正後民法の規定により、目的不動産を譲渡した際に賃貸借関係を原契約当事者に留保するために必要な要素として、譲渡当事者間で賃貸借契約の締結が必要とされているため、ご質問の場合でも、当該賃貸借関係に基づく旧所有者の賃借権がテナントへの転貸借を通じて対抗力を有している（借地借家法31条1項（改正法施行後は31条。以下同じ。））と考えられるので、新所有者から新々所有者へと目的不動産がさらに譲渡された場合においても当該賃貸借は旧所有者と新々所有者との間の賃貸借としてそのまま承継され（改正後605条の2第1項）、転貸借もそのまま存続するものと解されます。したがって、例えばその後新々所有者と旧所有者との賃貸借がその理由の如何を問わず終了した場合には、新々所有者は原賃借人と旧所有者との賃貸借を承継する（改正後605条の2第2項後段）と考えられます。

　改正後605条の2第2項に基づいて、不動産の譲渡が行われたにもかかわらず元の賃貸借関係が留保された後において、新所有者がさらに目的不動産を第三者に譲渡した場合には、各当事者間にどのような権利関係が発生するかが問題となります。この点、賃貸借関係を旧所有者の下に留保するため新所有者と旧所有者との間に設定された関係が、賃貸借契約ということではなく無名契約的な利用契約であった場合には、その性質によっては、目的不動産の第三者（ここでは「新々所有者」といいます。）への譲渡に伴い当該契約関係が新々所有者に対抗できなくなる結果、旧所有者が占有権原を失い、元の賃借人も賃借権を失う可能性があります。これでは、旧所有者に対して有効な賃貸借

契約を締結して対抗力も有していた賃借人が、法改正の結果、自らのあずかり知らぬ事情により不測の損害を被る余地を生むことになり、妥当な改正とは思われません。

[賃借人と新々所有者の関係イメージ]

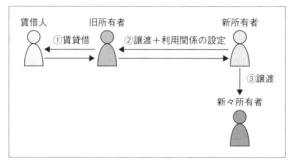

※①の賃貸借の後、②の譲渡と利用関係の設定が行われた際、当該利用関係が曖昧な場合、③の新々所有者に対して②の関係を対抗できるかが不明確となり、その結果①の賃貸借が新々所有者に主張できなくなるおそれが生じる。

　その点は改正作業中に意識されることとなり、改正後605条の2第2項で新旧所有者の間で原賃貸借関係を旧所有者に留保するために必要なものは、当該賃貸借を留保させる旨の合意の他、当初は、賃借人に引き続き利用させるための「新所有者と旧所有者との間の利用契約」という漠然とした書き方であったものが、中間試案たたき台の段階で、「譲受人が譲渡人に賃貸する旨の合意」と明示されることとなりました。この点に対しては、賃貸借に限定するのでは狭すぎて同条項が利用できる場面が限定されてしまうのではないか、という実務方面からの懸念もありましたが、元々対抗力のある賃借権を有する賃借人が、改正後民法による特例が利用された結果その地位を失う可能性があるのでは本末転倒である、ということで、この点は賃貸借に限定されることとなりました。

　その結果、改正後605条の2第2項により、賃貸中の目的不動産の

譲渡に際して原賃貸借関係を旧所有者に留保するため新旧所有者が賃貸借の合意をした場合においては、目的不動産の権利関係は、新旧所有者間で賃貸借契約、旧所有者と賃借人との間の賃貸借が転貸借という関係に転化することになります。この状態で、目的不動産がさらに新所有者から新々所有者に譲渡された場合、新旧所有者間の賃貸借契約は、原賃貸借契約の賃借人を通じて旧所有者が目的不動産を間接的に占有することにより、対抗力を有していると考えられます。民法605条の賃借権の登記に代わる借家契約における賃借権の対抗力を定めた借地借家法31条1項にいう「建物の引渡し」とは、当該建物の占有の移転を指し、これは第三者を通じた間接占有も含むものと解されているからです。従って、当該賃貸借における賃貸人たる地位が自動的に新々所有者に移転する結果、旧所有者は新々所有者に対して賃借権を主張でき、そこから転借を受けている賃借人（転借人）も旧所有者の権原に基づき自己の賃借権を主張し得ることとなります。そしてここでいう賃借権とは賃貸人の承諾を得た適法な転貸借にとどまらず、改正後605条の2第2項により留保された賃借権を含むものであり、この場合、たとえ新々所有者が承継した旧所有者との賃貸借が後者の債務不履行により終了したとしても、その結果新々所有者は転借人に明渡しを請求できるのではなく、同人と旧所有者との賃貸借関係を承継することになるに過ぎません（改正後605条の2第2項後段）。

Q59　マスターレッシーの交代とテナント承諾

既にマスターリース関係が構築されている案件で、マスターレッシーが交代することにつきテナント承諾の取得が必要でしょうか。

A マスターレッシーが交代する場合においては、理論的には常にテナント承諾を取得することが望ましいと思われます。テナント承諾が取れないまま案件を進めるケースもないわけではありませんが、その場合には、どのような法律関係が当事者間に残るかについて、不明確さが残ることになります。

　既存の不動産流動化案件で既にマスターレッシーが存在している状態において受益権が譲渡される場合には、マスターリースの契約関係も不動産受益権と共に譲渡の対象となることもあり、この場合にはマスターレッシーが賃貸借契約の当事者にとどまるため、テナントとの関係には変更はありません。しかし、大部分の取引においては、買主が自前の新マスターレッシーに賃貸人たる地位を承継させることとなります。その場合の具体的なやり方として、まず旧マスターレッシーと受託者とのマスターリース契約を合意解除して一旦受託者からテナントへの直貸しとした後、信託受益権を譲渡してすぐ再度受託者と新マスターレッシーとの間で新たなマスターリース契約を締結し、同時に直貸しを再度新マスターレッシーとの転貸借に転化することが一般的です。

　ここで問題となるのが、改正後613条3項の規定です。上記のとおり、流動化案件において既存のマスターレッシーが新マスターレッシーに交代する場合、旧マスターリース契約を合意解除して一旦直貸しにすることが行われますが、同項は、適法な転貸借が成立しているときに、原賃貸借が合意により解除されたとしても、これを原則とし

[マスターリース契約変更の場合のテナント承諾のイメージ]

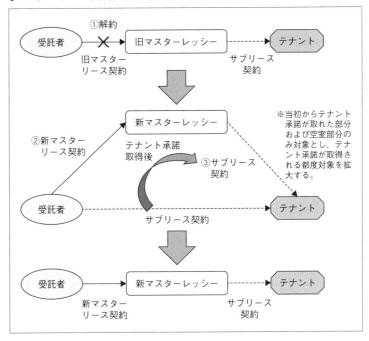

て転借人に対抗できない旨を定めたものです。これは、賃貸人と賃借人の合意により転貸借もその権原を失って終了し、転借人が明渡しを強いられることになると、転借人が自己の関与し得ない理由で不利益を被るので不都合であるという趣旨で、改正前民法下における判例（大判昭和9・3・7大民集13巻278頁等）を明文化したものであり、その意味で従前の取扱いを変更するものではありません。

しかし、転借人に対して原賃貸借の終了を対抗できない結果、転借人との間でどのような契約関係が残ることになるのかについては、判例上明らかではなかったところ、今回の改正においても特段の規定は設けられず、解釈に委ねられることとなりました。学説上は、①原賃貸借および転貸借がそのまま存続することになるとの見解、②転貸借の存続に必要な限りで原賃貸借も存続するものと取り扱うとの見解、

③原賃貸借の賃貸人が賃借人＝転貸人の地位を承継し、転貸借が通常の賃貸借に転化するという見解、④転借人が賃借人の地位を引き継ぐとの見解等がありますが、それぞれの考え方に問題が無いわけではなく、改正後民法でも１つの考え方を採用するには至りませんでした。また、下級審の裁判例では③の考えをとるものが多いように見受けられますが、はっきりと固まっているわけではありません。したがって、旧マスターリース契約を合意解約する場合には、受託者が転貸借契約の転貸人の地位を承継することについてテナント承諾を取得することが望ましい取扱いといえます。テナント承諾が得られない場合において、テナントとの賃貸借をめぐりどのような法律関係になるのかについては、不明確な点が残ることとなりますので留意が必要です。

　そして、そのような状態のまま、さらに新たなマスターレッシーとの間でマスターリース契約が締結された場合に、さらに関係は不明確さを増すおそれがあります（新たなマスターリース契約の締結に伴うテナント承諾については **Q60** を参照してください。）。

　実務では、この点は、旧マスターリース契約の合意解約によってサブリース契約が当然に受託者との賃貸借契約に転化することを前提として、新規に不動産の流動化案件が組成される場合と同様、新マスターレッシーとの新マスターリース契約が締結され、その下でのサブリース契約になることについてのみ、テナント承諾を取得することも行われることもあると思われます。この取扱いにより、テナント承諾がとりやすくなるという判断かと思われ、実際にかかる承諾を取得できることにより、テナントが新マスターレッシーの下でのサブリース契約に合意したと取り扱われるため旧マスターレッシーに対する責任追及の蓋然性はかなり低くなるとは思われます。ただし、旧マスターレッシーとの合意解約について明示的な承諾があるわけではないので、このリスクが全くなくなるわけではないことには留意が必要です。

Q60 契約上の地位の移転の明文化とテナント承諾への影響

契約上の地位の移転に関する規定が明文化されたことにより、テナント承諾の際の取扱いに変化が生じるでしょうか。

A 今回の改正による契約上の地位の移転の規定は、従来からの取扱いを明文化したものに過ぎず、テナント承諾についても、その取扱いに変化はないものと考えられます。

　不動産の流動化にあたっては、前述のようにマスターレッシーが建物を一括して賃借し、これを実際の賃借人に対して転貸借の形で賃貸することが多用されます（**Q56**を参照してください。）。この際、従前からの賃貸借が受託者に承継された後、新マスターレッシーとの間でマスターリース契約が締結され、従前の賃貸借が新マスターレッシーとの間のサブリース契約に転化することについてテナント承諾を求めることは、受託者と賃借人との間の賃貸借契約の賃貸人たる地位を新マスターレッシーに移転することになるため、講学上「契約上の地位の移転」等と呼ばれます。このような契約上の地位の移転も従前から可能と考えられており、不動産の流動化の場合は、受託者と新マスターレッシーが共同でテナントに対して書類を提出し、テナントに押印を求めるという形式が多いと思われます。すなわち、売主から受託者に対して目的不動産の譲渡が行われ、これに伴い賃貸人たる地位が受託者に当然に移転した後、さらにその地位が受託者から新マスターレッシーに移転するため、かかる契約上の地位の移転について、三者で合意をする（あるいは当該賃貸人たる地位の移転についてテナントに同意を求める）、ということが改正前民法下での標準的な取扱いです。なお、既に流動化が行われている不動産でマスターリース契約が行われていた場合も、対象となる信託受益権の譲渡の直前に従前のマスターリー

[信託譲渡に伴うマスターリース契約の締結とテナント承諾のイメージ]

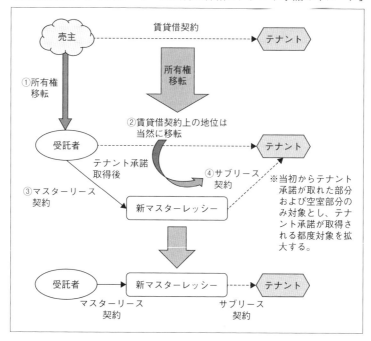

スが受託者と旧マスターレッシーとの間で合意解約がなされ、その結果転借人と受託者との間で直接の賃貸借関係が成立するように構成されることが多いと思われ（**Q59**を参照してください。）、その場合は、上記の議論が当てはまることになります。

　この契約上の地位の移転につき、今回の改正では、不動産の譲渡に伴って賃貸人たる地位が当然に移転するような特段の定めがない一般的な契約上の地位の移転について、当該契約の一方当事者である譲渡人と第三者である譲受人が契約を締結し、その相手方がこれに承諾した場合に当該第三者に契約上の地位が移転することが定められました（改正後539条の2）。これは、改正前民法下でも契約上の地位の移転については一般的に可能であるという解釈を前提として、上記のような実務的な取扱いを是認したものであると思われます。流動化の場面に

おいても、マスターリース契約を締結することにより、受託者・マスターレッシー間で従前の賃貸借契約の地位を受託者からマスターレッシーに移転させ、これについてテナント承諾を取得することが行われてきており、今回の改正は、この点に関しては特段実務に影響を与えるものではないように思われます。

　ただ、かかるサブリース契約への移転にテナント承諾を得られない場合、契約上の地位の移転の効果が認められないため、元の賃貸借契約が（改正後605条の2第1項に基づき、不動産譲渡により当然にその地位を承継する）受託者と当該テナントとの間で継続することになりますが、他方で受託者は新マスターレッシーとの間で建物すべてを賃貸しており、両者の関係が問題となります。このような場合でも、債権譲渡と併存的債務引受の効果は生じるのかが問題となり得ますが、この点も改正後民法では特に規定はなされていません。一般的には、債権譲渡および債務引受と契約上の地位の移転は別のものであり、テナント承諾を得ない場合には個別の債権譲渡や免責的債務引受の効果は発生しないものと考えられています。実務的な対応としては、受託者にテナントとの賃貸借契約関係が自動的に移転した後、テナント承諾を得るごとに当該賃貸部分がマスターリース契約に組み込まれ、当該テナントとの関係で転貸借契約に移転する旨を、マスターリース契約に規定することが考えられます。

Q61 サブリース契約ドラフティング上の注意事項

サブリース契約（のひな形）のドラフティング上、今回の改正により特に注意すべき点は何かありますか。

A ①契約適合責任との関係、②修繕権、③目的物の一部滅失、および④賃貸借終了時の原状回復等において若干の注意が必要と思われます。ただし、サブリース契約のひな形においては、改正前民法下の契約においても既に手当てされている箇所も多く、そのような場合においては、今回の改正による影響は限定的です。

1. 総論

基本的には、賃貸借に関する今回の民法改正の諸条項は任意規定であり、その意味では、実務に与える影響は大きくないといえます。しかし、デフォルトルールが定められたことにより、これと異なる取扱いをする場合においてはその旨の定めが必要となります。すなわち、改正後民法でデフォルトルールが変わったにもかかわらず関係する規定がない場合には影響が生じ得ますので、そのような規定の必要性について、この機に改めて確認しておくことが望ましいといえます。

2. 各論

今回の改正により、賃貸借契約のドラフティング上、問題となり得るような主な変更は、以下のとおりと思われます。

(1) 契約適合責任（改正後562条以下）

これは、改正前民法上の瑕疵担保責任につき、契約目的が特定の物

であることの帰結として認められた規定であるといういわゆる「特定物ドグマ」を否定し、契約不履行責任の一環として整理し直したものです。そして契約適合責任についても、改正前の瑕疵担保責任同様、有償契約一般に準用されるものとされています（民法559条）。もっとも、賃貸借においては目的物に不具合がある場合の対応については修繕義務（民法606条）に収斂されるようにも思えますが、改正前民法において、原始的な破損等については瑕疵担保と修繕義務との重畳適用があるというのが判例通説ですので、契約締結の当初から賃貸目的物に瑕疵があった場合には、理論的には瑕疵担保責任の追及の余地があります。さらに今回の改正により、契約適合責任は契約責任の一環と整理されたため、契約時に問題なくても引渡時に契約不適合であった場合には契約適合責任の問題となります。したがって、目的不動産がその引渡時において、賃貸借契約上賃貸すべき不動産に比べ、例えばその品質において契約に適合していないと判断される場合には、賃料減額請求等の対象となり得るのではないかと思われます。そうすると、売買と同様、引渡目的物あるいはその備えるべき性質を明示する、あるいは、引渡時における現状有姿の不動産を引き渡せば足りるとすることで契約適合責任の範囲を合理的に制限できるようドラフトで工夫する余地があるように思われます。また、契約不適合の場合にも修補の義務のみを負う（賃料減額請求権は発生しない）とすることで、永続的なキャッシュフローへの影響を避けることも考えられます。

(2) 修繕権（改正後607条の2）

新たに制定された改正後607条の2の規定は、賃借人の修繕権について定めています。その意味では新たな概念のようにも思われますが、実際には本条は修繕権を行使するためのプロセスを規定したということであり、民法608条による必要費償還請求権およびその前提として賃借人による修繕自体は、改正前民法でも認められているところです。またそもそも、改正前民法下においても、サブリース契約においては、

必要費・有益費等の償還請求権自体を否定している場合が通常であると思われる以上、特に追加の手当てをする必要はないように思われます。ただし、賃借人の修繕権が明文化されたこともあり、今後この点をめぐる紛争が増えることも予想されるので、修繕が必要な事態が生じた場合に当事者間でどのように連絡し、修繕を担当し、その間の賃料等をどうするか等具体的な手続について明示することは考えられます（**Q29**も参照してください。）。

(3) 建物の一部滅失等の場合の当然の賃料減額（改正後611条）

改正後611条により、賃貸目的物の一部が滅失等の理由により使用収益できなくなった場合には、特段の意思表示を要することなく賃料が減額されるという効果が発生することになりました。①滅失のみならずその他の理由による使用収益不能にまで適用範囲が拡大され、②自動的に減額が発生する建付とされたことから、賃貸借の実務に与える影響は小さくないように思われます。もっとも、改正前民法下におけるサブリース契約では、このような目的物の一部滅失（および破損等の物理的な損壊）の場合には当事者間で協議の上賃料を決定するとされていることも多く、その場合には改正後民法による当然減額の規定は適用されないことになると思われます。これに対して、上記以外の理由により一部の使用収益が不能になった場合については、契約上の手当てがなされていない場合はあるように思われます。いずれにしても当然減額というのはキャッシュフローに対する影響が大きいこともあり得るので、上記のような契約上の手当てが十分でない場合には、当然減額の規定が適用されないよう、文言を修正する必要も考えられるのではないかと思われます（**Q22**も参照してください。）。

(4) 契約終了時の附属物収去・原状回復の規定（改正後621条、改正後622条（使用貸借の規定である改正後599条1項・2項の準用））

　契約終了時において賃借人の設置した物の収去権の他収去義務が明示的に定められたことや、原状回復時において通常の損耗や経年劣化については義務の対象から除外する規定が加わったことなど、条文の構造は大きく変わりましたが、これらの点についての改正は基本的には従前からの解釈を明確化したものであり、また、改正前民法下でも、サブリース契約において原状回復図や回復基準に基づき原状回復義務の範囲を具体的に定めている例も多いと思われるため、そのようなひな形である限り、この点が改正されることにより特段の影響はないのではないかと思われます。ただし、居住用建物の賃貸借の場合においては、経年劣化や通常損耗について原状回復の特約の有効性が認められるには、判例や国土交通省のガイドラインの示すとおり、その客観的合理的な理由や賃借人による特約内容の認識とそれに基づく意思表示がなければ、その効力が争われ得ることについては留意が必要と思われます。

2 債権譲渡

Q62　債権譲渡①

今回の改正により、賃料債権や敷金返還請求権の譲渡に関してどのような影響がありますか。

A　改正前民法下では譲渡制限特約に反する債権の譲渡は無効であると解釈されていましたが、今回の改正により譲渡制限特約に反する債権の譲渡も有効であることが明文で規定されました（改正後466条2項）。
　また、「異議をとどめない承諾」による抗弁の切断についての規定が削除され、抗弁の切断の問題は意思表示の一般原則に従って処理されることとなりました。

1．改正の趣旨・内容

⑴　改正の趣旨・内容——譲渡制限特約の効果

　改正前民法下では、譲渡制限特約に反する債権譲渡は無効と解されていました。しかし、このような理解には異論もあった上、譲渡制限特約が債権譲渡による資金調達を妨げているのとの問題も指摘され、改正の必要性が指摘されていました。
　このような指摘を受けて、今回の改正では、譲渡制限特約が付された債権の譲渡も有効であるとの規定が設けられました（改正後466条2項）。
　もっとも、譲渡制限特約に反する債権の譲渡を有効とする一方で、債務者の支払先固定の利益も保護する必要があるとして、譲渡制限特約の存在について悪意・重過失の譲受人に対して債務者は履行を拒む

ことができ、かつ、譲渡人に対する弁済、相殺等を有効に行うことができるとの規定も、新たに設けられました（改正後466条3項）。

また、譲渡制限特約が付された債権が譲渡制限特約の存在について悪意・重過失の譲受人に譲渡された場合であって、債務者が譲渡人および譲受人のいずれに対しても履行を拒絶した場合には、譲渡人および譲受人のいずれも債権の行を請求できないこととなります。そのような事態を解消するために、譲渡制限特約の存在について悪意・重過失の譲受人に債務者に対する催告権を認める規定が新たに設けられました（改正後466条4項）。この規定によると、譲受人が債務を履行しない債務者に対して、相当の期間を定めて「譲渡人」への履行の催告をし、その期間内に履行がない場合には、譲渡制限特約の存在について悪意・重過失の譲受人も債務の履行を請求することが可能となります。

(2) 改正の趣旨・内容――抗弁の切断

① 「異議をとどめない承諾」の廃止

改正前民法下では、債務者が債権譲渡に対して異議をとどめずに承諾をした場合、譲渡人に対して対抗することのできた事由を主張できなくなるという「異議をとどめない承諾」による抗弁の切断が規定されていました（改正前468条1項）。

ここにいう「異議をとどめない承諾」とは、積極的に異議がない旨を示す必要はなく、単に特定の債権の譲渡について承諾する旨を通知すればこれにあたると考えられていました。そのため、債権が譲渡されたことを認識した旨を債務者が通知しただけで抗弁の切断という効果が生じることとなりますが、これは債務者にとって予期しないものであり、規律として合理性を欠くものであるとの指摘がありました。

このような指摘を受けて、今回の改正では、「異議をとどめない承諾」による抗弁の切断の制度が廃止されることとなりました。ただし、明文の規定はないものの、債務者が意思表示により抗弁を放棄すること

は可能であるため、改正後民法下の抗弁の切断は債務者の「抗弁を放棄する意思表示」によることとなり、その有効性は意思表示の一般的な規律に従うこととなります。

② 抗弁切断の基準時
「異議をとどめない承諾」の廃止に併せて、債務者が通知を受けるまでに譲渡人に対して生じた事由をもって譲受人に対して主張できるとの改正前民法468条2項の規定が改められ、「対抗要件具備時までに」譲渡人に対して生じた事由をもって譲受人に対して主張できるとされます（改正後468条1項）。

なお、「対抗要件具備時」とは、通知・承諾により債務者対抗要件を具備した時点であり（改正後466条の6第3項、改正後467条1項）、確定日付のある証書による通知・承諾により第三者対抗要件を具備した時点を意味するものではないことに、留意する必要があります。

2．実務上の影響

(1) 譲渡制限特約違反の債権譲渡

譲渡制限特約違反の債権譲渡も有効とされましたが、このような改正後民法の規定は、譲渡制限特約に反した譲渡人の債務者に対する債務不履行責任が発生することを一律に否定するものではないと考えられます（なお、『一問一答』165頁では、改正後民法下では、譲渡制限特約に反した債権譲渡であっても、原則として債務不履行責任が生じない旨の考え方が示されています。）。

(2) 抗弁の切断

「異議をとどめない承諾」の廃止により、抗弁の切断は債務者の「抗弁を放棄する意思表示」によって行われることになりました。この「抗弁を放棄する意思表示」に関し、包括的な抗弁の放棄の意思表示が可

能かについては解釈に委ねられているところです。

　賃料債権を譲渡する場合を考えると、債務者である賃借人は自らがどのような抗弁を有するかを認識していない可能性が高いことから、「抗弁を放棄する意思表示」を求める場合には、放棄する抗弁を具体的に記載することも考えられます。

3. 改正後民法の適用に関する経過措置

　施行日前に債権譲渡の原因である法律行為がされた場合については、改正後民法の適用はありません（附則22条）。

Q63 債権譲渡②

将来の賃料債権の譲渡と目的不動産の譲渡の優劣について、今回の改正による影響はありますか。

A 将来の賃料債権の譲渡と目的不動産の譲渡の優劣についての規定は設けられなかったため、将来の賃料債権の譲渡と目的不動産の譲渡の優劣について今回の改正による直接の影響はないといえます。

　将来債権の譲渡については、譲渡人の地位の変動に伴う限界があると解されています。これは、将来債権の譲渡の効力は譲渡人の処分権の範囲内でのみ及ぶものであることから、譲渡人以外の第三者が当事者となった契約上の地位に基づき発生した債権に対しては譲渡人による譲渡の効力が及ばないものの、当該第三者が譲渡人から契約上の地位を承継した場合については、譲渡人による譲渡の効力が承継した地位に基づいて発生した債権に対して及ぶというものです。

　この譲渡人の地位の変動に伴う限界という議論については、法制審議会民法（債権関係）部会における審議段階では将来債権譲渡の効力の限界として規定を設けることが検討されました。

　しかし、将来債権譲渡の効力の限界に関する規定を設けることに対しては、こうした規定が不動産の賃料債権の譲渡に適用されると、譲受人が賃料債権を取得することができない不動産が流通の対象となり不動産の円滑な流通が害されるため、不動産の賃料債権については特別な規定を設ける必要があるとの見解が有力に主張され、最終的な合意が形成されるには至らず、将来債権譲渡の効力の限界に関する規定を設けること自体が見送られました。

　結局、今回の改正では、将来債権の譲渡についての規定が新たに設けられたものの（改正後466条の6）、将来の賃料債権の譲渡と目的不

動産の譲渡の優劣についての規定は設けられませんでした。したがって、将来の賃料債権の譲渡と目的不動産の譲渡の優劣について、今回の改正による直接の影響はないといえます。

　もっとも、今回の改正や法制審議会民法（債権関係）部会における議論が、将来の賃料債権の譲渡と目的不動産の譲渡の優劣についての解釈に影響する可能性はありますので、今後の議論を注視していく必要はあると考えられます。

3 存続期間と再生可能エネルギー発電事業

Q64 存続期間と再生可能エネルギー発電事業

今回の改正により、再生可能エネルギー発電事業の事業用地の賃貸借契約の存続期間に関してどのような影響がありますか。

A 50年を上限として20年を超える存続期間の賃貸借が認められるようになるため、施行日以後に締結する再生可能エネルギー発電事業の事業用地の賃貸借契約について、発電設備の建設準備段階から電気事業者による再生可能エネルギー電気の調達に関する特別措置法に基づく調達期間（固定価格買取期間）が終了するまでの期間が20年を超える場合でも、50年を上限としてその全期間を存続期間とすることが可能になります（改正後604条1項）。

また、施行日前に締結された事業用地の賃貸借契約についても、その更新時には、50年を上限として20年を超える期間を存続期間とすることが可能になります（附則34条2項、改正後604条2項）。

1. 再生可能エネルギー発電事業の事業用地の賃貸借契約の存続期間をめぐる問題点

電気事業者による再生可能エネルギー電気の調達に関する特別措置法（以下「再エネ特措法」といいます。）に基づく固定価格買取制度を利用した再生可能エネルギー発電事業について、その事業用地を賃借して実施する場合、事業用地の賃貸借の存続期間は、少なくとも、発電設備の設置工事開始から調達期間（固定価格買取期間）が終了するまでの期間とする必要があります。

しかし、再エネ特措法上、発電出力が10キロワット未満の太陽光発

電や地熱発電全般を除き、調達期間は20年とされています（平成30年度の場合）。そのため、発電設備の設置工事開始から調達期間が終了するまでの期間は20年以上となり、賃貸借の存続期間の上限を20年とする改正前604条1項の下では、発電設備の設置工事開始から調達期間が終了するまでの期間を存続期間とする賃貸借契約を締結することができないという問題が指摘されていました。

2．改正による影響

(1) 施行日以後に締結される事業用地の賃貸借契約について

今回の改正により、50年を上限として、20年を超える存続期間の賃貸借契約を締結することができるようになります（改正後604条1項）。

したがって、再生可能エネルギー発電事業の事業用地の賃貸借契約についても、施行日以後に締結されるものについては、発電設備の設置工事開始から調達期間が終了するまでの期間が20年以上となる場合であっても、50年を上限としてその全期間を存続期間とすることができるようになります。

(2) 施行日前に締結された事業用地の賃貸借契約について

施行日前に締結された再生可能エネルギー発電事業の事業用地の賃貸借契約についても、施行日以後に契約の更新をする場合には、更新後の存続期間を50年を上限として20年を超える期間とすることができます（附則34条2項、改正後604条2項）。

もっとも、更新の場合を除き、施行日前に締結された賃貸借契約については、改正後604条1項は適用されず、施行日以後も従前どおり改正前604条1項が適用されます（附則34条1項）。また、附則には、施行日前に締結された賃貸借契約について、契約当事者間の合意によって改正後の規定の適用を受けることができるといった規定はありません。そのため、施行日前に締結された再生可能エネルギー発電事

業の事業用地の賃貸借契約について、更新を迎える前に賃貸借契約を変更して、その存続期間を20年以上の期間とすることは難しいと考えられます。

なお、施行日前に締結された再生可能エネルギー発電事業の事業用地の賃貸借契約についても、施行日以後に一度契約を合意解除した上で、新たに賃貸借契約を締結する場合には改正後604条1項が適用され、20年以上の期間を存続期間することができます。

しかし、再生可能エネルギー発電事業の多くでは、その事業資金を金融機関からの借入れにより調達しており、事業用地の賃借権についても、賃借権設定登記をした上で、質権や譲渡担保権を設定し、または工場財団に組み入れた上で抵当権を設定し、これらの担保権設定について登記しています。施行日前に締結された事業用地の賃貸借契約を一度解除する場合には、賃借権設定登記および担保権設定登記を抹消するなどの対応が必要になる可能性があるため、借入先の金融機関と事前に協議し、協力を得ることが不可欠になると考えられます。

Ⅶ

改正後民法下の
賃貸借契約の標準書式

建物賃貸借契約の書式の見直し案

　ここでは、改正前民法下の建物賃貸借契約として標準的と考えられる書式を掲げ、その書式を前提に、今回の改正により、どのような見直しが想定されるか、また、その見直しの趣旨を示しています。対応しているQ&Aの項目と併せてご参照下さい。

(1) 賃貸借の目的物の表示等

名称	__(物件の名称)　　__階　__号室
所在地	__
構造	__造　　地下__階　　地上__階
専有部分	__m²
間取り	__

(2) 賃貸借に関する条件等

契約期間	平成__年__月__日から平成__年__月__日まで　__年間
賃料	月額__円
敷金	賃料__か月相当分__円
共益費（/管理費）	月額__円
礼金	__円
更新料	更新後の新賃料の__か月分
賃料および共益費（/管理費）の支払方法	振込先金融機関名　__ 口座番号　__　種別　__ フリガナ　__ 口座名義人　__ 振込手数料負担者　__
賃料および共益費（/管理費）の支払期限	翌月分を毎月__日までに支払う。

<見直し案>

| 保証債務極度額 | 金＿＿＿円（当初の賃料の＿＿か月相当分）/金＿＿＿円 |

<見直しの趣旨>

　個人が保証人となる個人根保証契約においては、極度額の定めを置く必要があります（**Q13** 参照）ので、極度額の欄を設けています。極度額の定め方としては、賃料の〇か月相当分といった形も可能と考えられますが、賃料が変更された場合に極度額も変動する形にすることはできないことに留意する必要があります。

(3) 賃貸人および管理業者

賃貸人	―	
	住所	
管理業者	―	
	住所	
	電話番号	FAX 番号

(4) 賃借人および入居者

賃借人	氏名	年齢	
	―	―	
	電話番号	―	
	勤務先	―	
	職業	―	
入居者	氏名	年齢	続柄
	―	―	―
	―	―	―
緊急連絡先	氏名	年齢	賃借人との関係
	―	―	―
	電話番号	―	

<見直し案>

用途 (該当に○)	居住用		
	事業用	事業内容	―
	その他	用途	―

<見直しの趣旨>

　契約締結時の情報提供義務（改正後465条の10）(**Q14**参照)の有無を判断するため、物件の利用目的を確認できるよう、用途の欄を設けることが考えられます。

(5) 連帯保証人

連帯保証人	氏名	年齢	賃借人との関係
	電話番号	―	
	勤務先	―	
	職業	―	

　賃貸人、賃借人および連帯保証人は、賃貸人が標記(1)欄記載の目的物（以下「本物件」という。）について、次のとおり賃貸借契約（以下「本契約」という。）を締結し、その証として、本書2通を作成し、賃貸人、賃借人および連帯保証人はそれぞれ記名捺印のうえ、賃貸人および賃借人は、各1通を保有する。

<調印欄は割愛>

第1条（契約の締結）
　賃貸人は、本物件を賃借人に賃貸し、賃借人はこれを賃借する。

第2条（契約期間および更新）
1. 契約期間は、標記(2)欄記載のとおりとする。
2. 賃貸人および賃借人は、協議のうえ本契約を更新することができる。
3. 契約期間満了の1年前から6か月前までに賃貸人から賃借人に対して、

更新拒絶の通知がなく、または契約期間満了の1か月前までに賃借人から賃貸人に対して更新拒絶の通知が到達しなかった場合、本契約は、契約期間満了の翌日から起算して更に2年間同一条件により更新されるものとし、その後も同様とする。
4．本契約が更新された場合、更新の種類を問わず、賃借人は賃貸人に対して標記(2)欄記載の更新料を支払わなければならない。

第3条（使用目的）
1．賃借人は本物件を標記(4)欄記載の賃借人および入居者の居住以外の目的に使用してはならない。
2．賃借人は、入居者に変更がある場合には、速やかに賃貸人に通知しなければならない。

第4条（賃料）
1．賃借人は、標記(2)欄の記載に従い、賃料を賃貸人に支払わなければならない。
2．1か月に満たない期間の賃料は、その月の日数による日割計算した額とする。
3．賃貸人および賃借人は、次の各号のいずれかに該当する場合には、契約期間中であっても、相手方に対し、賃料の増減額を請求することができる。
 (1) 土地または建物に対する公租公課その他の負担の増減により賃料が不相当となった場合
 (2) 土地または建物の価格の上昇またはその他の経済事情の変動により賃料が不相当となった場合
 (3) 近傍同種の建物の賃料に比較して賃料が不相当となった場合

＜見直し案＞
4．本物件の一部が、賃借人の責めに帰すべき事由によることなく滅失その他の事由により使用することができなくなった場合、賃借人はただちにその旨を賃貸人に通知し、賃貸人および賃借人は賃料の額について協議するものとする。
＜見直しの趣旨＞
改正後民法下では、賃貸借物件の一部が滅失その他の事由により使用収

建物賃貸借契約の書式の見直し案　247

益をすることができなくなった場合に賃料が当然に減額されることになるため（改正後611条1項）、賃借物の一部滅失後の賃料の額について協議する旨の規定を置くことが考えられます（**Q22**参照）。もっとも、通常は想定されない事象であり、その場合には、いずれにしても協議はなされるとすれば、あえてこの種の規定を置かない対応も十分にあり得ます。

第5条（共益費（／管理費））
1. 賃借人は、標記(1)記載の建物（以下「本件建物」という。）内の共用部分（以下「共用部分」という。）の維持管理に必要な電気、ガス、水道、電話などの使用料金、清掃費用、保守点検費、設備管理費等に充てるため、標記(2)欄の記載に従い、共益費（／管理費）を賃貸人に支払わなければならない。
2. 1か月に満たない期間の共益費（／管理費）は、その月の日数による日割計算した額とする。
3. 賃貸人および賃借人は、共用部分の維持管理に係る負担の増減により共益費（／管理費）が不相当となった場合には、契約期間中であっても、共益費（／管理費）を改定することができる。

第6条（敷金）
1. 賃借人は、本契約から生じる債務の担保として、標記(2)欄に記載する、賃料○か月分の敷金を本契約締結と同時に賃貸人に預け入れるものとする。
2. 賃貸人および賃借人は、第4条第3項の定めに従った賃料の増減額により、敷金の額が変更される場合、変更額を速やかに精算するものとする。
3. 賃貸人は、賃料その他本契約に基づく賃借人の金銭の給付を目的とする債務の不履行が存在する場合、任意に敷金を当該債務の弁済に充てることができる。この場合において、賃借人は、本物件を明け渡すまでの間、敷金をもって当該債務の弁済に充てることを請求することができない。
4. 前項の定めに従って、敷金を債務の弁済に充てたことにより、標記(2)欄に記載する敷金の額に不足が生じた場合、賃貸人は、不足分の敷金の填補を賃借人に請求することができる。この場合、請求を受けた賃借人は○日以内に不足分の敷金を賃貸人に支払わなければならない。
5. 賃借人は、敷金返還請求権を第三者に譲渡し、または担保の用に供す

ることはできない。
6．賃貸人は、本物件の明渡しがあったときは、遅滞なく、敷金の全額を無利息で賃借人に返還しなければならない。ただし、賃料その他本契約に基づく賃借人の金銭の給付を目的とする債務の不履行が存在する場合、当該債務相当額を敷金から控除することができる。

第7条（礼金）
1．賃借人は、標記(2)欄に記載する礼金を本契約締結と同時に賃貸人に支払うものとする。
2．賃貸人は、事由の如何にかかわらず、前項に基づき受領した礼金を返還しないものとする。

第8条（反社会的勢力の排除）
賃貸人および賃借人は、それぞれ相手方に対し、次の各号の事項を確約する。
1．自らが、暴力団、暴力団関係企業、総会屋もしくはこれらに準ずるものまたはその構成員（以下総称して「反社会的勢力」という。）ではないこと。
2．自らの役員（業務を執行する社員、取締役、執行役、またはこれらに準ずる者をいう。）が反社会的勢力ではないこと。
3．反社会的勢力に自己の名義を利用させ、本契約を締結するものではないこと。
4．自らまたは第三者を利用して、次の行為をしないこと。
 (1) 相手方に対する脅迫的な言動または暴力を用いる行為
 (2) 偽計または威力を用いて相手方の業務を妨害し、または信用を毀損する行為

第9条（賃借人の善管注意義務）
1．賃借人は、本物件および共用部分を善良なる管理者の注意をもって使用しなければならない。
2．賃借人は、管理規約、使用規則を遵守するとともに、その他賃貸人または本物件の管理業者が管理上必要な事項を賃借人に通知した場合、当該事項を遵守しなければならない。

第10条（禁止事項）
　賃借人は、次の各号の行為をしてはならない。
　⑴　賃貸人の書面による承諾を得ることなく、賃借権の全部または一部を賃借人以外の者に譲渡し、または担保に供する行為
　⑵　賃貸人の書面による承諾を得ることなく、本物件の全部または一部を賃借人以外の者に転貸する行為
　⑶　第3条第2項の手続を経ずに、本物件内に標記⑷記載の入居者以外の者を居住させる行為
　⑷　賃貸人の書面による承諾を得ることなく、本物件の増築、改築、移転、改造もしくは模様替えまたは本物件の敷地内における工作物の設置等の原状を変更する行為
　⑸　本物件における危険な行為、騒音、悪臭の発生その他近隣の迷惑および共同生活を乱す行為または衛生上有害となる行為ならびに本物件に損害を及ぼす行為
　⑹　本物件を反社会的勢力の事務所その他の活動拠点に供する行為
　⑺　本物件または本物件の周辺において、著しく粗野もしくは乱暴な言動を行い、または威勢を示すことにより、付近の住民または通行人に不安を覚えさせる行為
　⑻　本物件に反社会的勢力を居住させ、または反復継続して反社会的勢力を出入りさせる行為

第11条（契約期間中の修繕および負担の帰属等）
1．賃貸人は、自らの負担により、賃借人が本物件を使用するために必要な修繕を行わなければならない。ただし、別紙［原状回復および修繕負担区分表］に賃借人負担と規定されている修繕については、賃借人は自らの負担において行うことができるものとし、この場合、修繕の実施について賃貸人の承諾を得ることを要しない。
2．前項の規定に基づき賃貸人が修繕を行う場合には、賃貸人は、あらかじめ、その旨を賃借人に対し通知しなければならない。この場合において、賃借人は、正当な理由がある場合を除き、当該修繕の実施を拒否することはできないものとする。
3．第1項の規定にかかわらず、賃借人の責めに帰すべき事由により必要となった修繕に要する費用は、賃借人が負担しなければならない。

第12条（通知義務）
　賃借人は、次の各号のいずれかに該当する場合には、ただちに賃貸人または管理業者に通知しなければならない。
　⑴　賃借人、入居者および緊急連絡先について氏名の変更がある場合
　⑵　賃借人または連帯保証人の勤務先、職業、および住所等に変更がある場合
　⑶　賃借人または入居者が、本物件を長期間不在にする場合
　⑷　本物件に変更が生じ、または賃貸人の負担において修繕を要する事由が生じたとき
＜見直し案＞
　⑸　連帯保証人が死亡した場合、または連帯保証人が破産手続開始の決定を受けた場合
＜見直しの趣旨＞
　個人根保証契約の元本確定事由とされる事由についても、賃借人の賃貸人側に対する通知義務の対象に加えることが考えられます（**Q31参照**）。

第13条（契約解除）
1．賃貸人は、賃借人が次の各号に規定する事由が生じた場合において、相当の期間を定めて履行を催告したうえで、本契約を解除することができる。
　⑴　第3条に規定する本物件の使用目的に違反した場合
　⑵　第4条に規定する賃料の支払い、または第5条に規定する共益費（／管理費）の支払いを3か月以上怠った場合
　⑶　第10条に規定する禁止事項（同条第6号から第8号までに規定する事項を除く。）に違反した場合
　⑷　破産、民事再生等の倒産手続の申立てがあった場合
　⑸　その他本契約に規定する賃借人の義務に違反した場合
2．賃貸人または賃借人の一方について次の各号のいずれかの事由が生じた場合、その相手方は、何らの催告を要せずして本契約を解除することができる。
　⑴　第8条各号の確約に反する事実が判明した場合
　⑵　本契約の締結後に自らまたは役員が反社会的勢力に該当した場合
3．賃貸人は、賃借人が第10条第6号から第8号までに規定する行為を

行った場合には、何らの催告を要せずして、本契約を解除することができる。

第14条（契約期間中の解約）
1．　賃借人が、賃貸人に対し、書面により解約の申入れを行った場合、本契約は、当該解約の申入れが賃貸人に到達した日から30日を経過することにより終了する。
2．　前項の規定にかかわらず、賃借人は、解約申入れと同時に30日分の賃料および共益費（／管理費）を賃貸人に支払うことにより、解約申入れの日から起算して30日が経過するまでの間、随時に本契約を終了させることができるものとする。

第15条（契約の当然終了）
　本契約は、天災、地変、火災、その他賃貸人および賃借人双方の責めに帰すことができない事由によって本物件が滅失して、本物件を使用することができなくなった場合、将来に向かって当然に効力を失うものとする。
＜見直し案＞
　本物件の全部が滅失その他の事由により使用することができなくなった場合、本契約は、将来に向かって当然に効力を失うものとする。
＜見直しの趣旨＞
　契約の当然終了の規定を改正後616条の2に即したものにすることが考えられます（**Q49**参照）。なお、賃借物の一部が滅失し、残存部分では賃借した目的を達成できない場合には、賃借人による契約の解除が認められることとなりますが（**Q23**参照）、通常は想定されない事象である上、契約書に定めなくても適用のある規定であることから、一般的な賃貸借契約では規定を置く必要は必ずしもないと考えられます。賃借物の一部が滅失した場合の賃料の額についての見直し案は、4条4項を参照してください。

第16条（明渡しおよび原状回復）
1．　契約期間の満了、解約、解除その他の理由により本契約が終了した場合、賃借人は賃貸人に対し、ただちに本物件を明け渡すものとする。賃借人は、明渡しをする場合には、明渡日を事前に賃貸人または管理業者に通知しなければならない。

2．賃借人は、本物件を明け渡す場合、別紙［原状回復および修繕負担区分表］に従い、本物件を原状回復しなければならない。
3．賃借人が、本物件を明け渡すべき日までに明渡しをしない場合、賃借人は以後、明渡しが完了するに至るまで、賃料の倍額に相当する損害金を支払い、かつ、明渡しが遅延したことにより賃貸人に生じた損害であって、賃料の倍額に相当する損害金の支払いによって填補されないものがある場合、賃借人はこれを賠償するものとする。
4．賃借人は、本物件の明渡しに関し、移転料その他名目を問わず、賃貸人に対して一切の金員の請求を行わないものとする。
5．賃借人は、賃貸人の承諾を得て本物件内に設置した造作について、買取の請求を行わないものとする。
6．本物件の明渡し後も本物件内に残置された賃借人所有の物件については、賃借人がその所有権を放棄したものとみなし、賃貸人は当該物件を任意に処分することができる。ただし、その処分費用は賃借人の負担とする。

第17条（立入点検）
1．賃貸人または管理業者は、本物件の管理業務遂行上必要がある場合には、あらかじめ賃借人の承諾を得たうえで、本物件に立ち入り、点検修理その他適切な措置をとることができる。
2．賃借人は、正当な理由がある場合を除いて、前項の規定に基づく賃貸人または管理業者の立ち入りを拒絶しないものとする。
3．前二項の規定にかかわらず、天災、地変、火災、盗難その他緊急の場合においては、賃借人のあらかじめの承諾を得ることなく本物件に立ち入ることができるものとする。この場合において、賃貸人または管理業者が賃借人の不在時に本物件に立ち入った場合には、事後速やかに、その旨を通知しなければならない。

第18条（損害賠償）
1．賃借人、入居者またはこれらの訪問者その他賃借人および入居者の関係者が、故意または過失により本物件、本件建物の設備および諸造作等を毀損もしくは滅失し、または本件建物の他の居住者等に人的または物的損害を加えた場合、賃借人は、ただちにその旨を賃貸人に通知し、賃貸人の請求に従い、原状回復その他の方法により損害を賠償するものとする。

2．天災、地変、火災、盗難その他賃貸人の責めに帰すことができない事由によって生じた賃借人の損害については、賃貸人は一切の責任を負わないものとする。

第19条（連帯保証人）
1．連帯保証人は、賃借人と連帯して、本契約（更新の種類を問わず、本契約が更新された場合を含む。）から生じる賃借人の一切の債務を保証するものとする。
2．連帯保証人が欠けた場合、または賃貸人が連帯保証人を不適格と合理的に判断する事由が生じた場合、賃借人はただちに、賃貸人の承諾する者に連帯保証人を変更しなければならない。

＜見直し案＞
1．連帯保証人は、賃借人と連帯して、本契約（更新の種類を問わず、本契約が更新された場合を含む。なお、本契約の賃料は、法令等もしくは本契約の定めに基づき、または賃貸人および賃借人の間の合意により変更されることがある。）から生じる賃借人の一切の債務を［、標記(2)欄記載の保証債務極度額を限度として］保証するものとする。

＜見直しの趣旨＞
改正後448条2項に規定される主債務の「目的又は態様」の加重に該当する具体的な事由について、連帯保証人の予測可能性を高めるため、賃料が変更される可能性があることを明記しておくことが考えられます（**Q35**参照）。また、個人が保証人となる個人根保証契約においては、極度額の定めを置く必要があります（**Q13**参照）。

＜見直し案＞
2．連帯保証人が死亡その他の事由により欠けた場合、連帯保証人が破産手続開始の決定を受けた場合、または賃貸人が連帯保証人を不適格と合理的に判断する事由が生じた場合、賃借人はただちに、賃貸人の承諾する者を連帯保証人として追加または変更しなければならない。

＜見直しの趣旨＞
個人根保証契約においては、連帯保証人の死亡や、連帯保証人について破産手続の開始決定がなされたことが元本確定事由とされ、元本の確定後に生じる賃借人の債務については、保証人が保証債務を負わないことになります。そのため、賃貸人が把握することが困難な元本確定事由を明記すると

ともに、新たな連帯保証人を追加または変更できるような規定を置くことが考えられます（**Q31**、**Q32**、**Q34** 参照）。

＜見直し案＞
3．連帯保証人に対する債務の履行請求がなされた場合、当該履行請求の効力は、賃借人にも及ぶものとする。

＜見直しの趣旨＞
改正後441条ただし書および改正後458条を受けて、連帯保証人に対する債務の履行請求について、連帯保証人に生じた事由の効力が主債務者にも及ぶ旨の特約条項を加えることが考えられます（**Q12** 参照）。

＜見直し案＞
4．連帯保証人は、賃貸人から保証人に対する情報提供その他の通知について、管理業者または委託を受けた他の業者を通じて行う場合があることをあらかじめ確認するものとする。

＜見直しの趣旨＞
民法上の保証人に対する情報提供や通知を管理業者や外部の業者を通じて行う場合、その旨を確認する規定を置くことが考えられます（**Q30** 参照）。

第20条（協議）
　賃貸人および賃借人は、本契約に定めがない事項または本契約の条項の解釈に関して疑義が生じた場合には、民法その他の関係法令および取引の慣行に従い、誠意をもって協議し、解決するものとする。

第21条（管轄裁判所）
　賃貸人および賃借人は、本契約に関して紛争が生じた場合には、＿＿地方裁判所を第一審の管轄裁判所とすることを合意する。

第22条（特約条項）
（略）

＜その他の見直し案＞
第〇条（相殺充当）
　賃貸人は、賃貸人の債権と賃貸人の賃借人に対する債務とを相殺する場合、賃貸人の賃借人に対する債務全額を消滅させるに足りないときは、賃貸人

が指定する順序方法により充当することができる。
＜見直しの趣旨＞

　相殺の指定充当が認められなくなったため、賃貸人の指定する順序方法による充当を可能とする旨の規定を置くことが考えられます（**Q38** 参照）。なお、本条は、相殺について定めたもので、敷金の滞納家賃等への充当は対象としていません。敷金を滞納家賃等の債務の弁済に充てることは、相殺とは法的な性質が異なり、通知を要しないと解されています。

●事項索引

◆ 欧文

MLPM 型……………………………214
SPC 型………………………………214

◆ あ行

相手方選択の自由……………………19
異議をとどめない承諾……………235
意思能力………………………………15
一部滅失……………………80, 232, 247
違約金条項…………………………206
因果関係……………………………201

◆ か行

解除…………………………………184
　　──の要件……………………184
　　催告によらない──………184, 185
　　催告による──……………184, 185
隔地者…………………………………12
瑕疵担保責任………………………230
過失相殺……………………………204
元本確定期日………………………117
元本確定事由………117, 121, 133, 254
元本の確定…………………………117
期限の利益喪失時の情報提供……114
帰責事由…………………………184, 201
求償権………………………33, 49, 54
急迫の事情…………………………103
極度額…………………………………39
　　──の定め…………………39, 245
経年変化…………………………196, 197
契約自由の原則………………………18
契約上の地位の移転………………227
契約締結時の情報提供…………42, 246
契約締結の自由………………………18

契約の成立……………………………12
原状回復……………………………233
原状回復義務……………………194, 195
　　──に関する特約…………………197
　　──の範囲…………………………196
原状回復をめぐるトラブルとガイドライン……………………………198
権利金…………………………………92
行為能力………………………………15
公序良俗………………………………75
個人根保証契約……………30, 35, 245

◆ さ行

債権回収……………………………208
再生可能エネルギー発電事業……240
錯誤……………………………………23
　　動機の──…………………………24
サブリース契約……………………230
敷金……………………………………87, 198
　　──の債務への充当………………91
　　──の定義…………………………88
　　──の返還時期……………………88
　　──の法的性質……………………88
敷引特約…………………………94, 199
時効期間……………………………153
指定充当……………………………147
借地借家法………7, 9, 97, 151, 152, 156
収去義務……………………………194
収去権………………………………194
修繕義務…………………………100, 103
修繕権限…………………102, 104, 231
充当順序の合意……………………150
主債務者の期限の利益の喪失時の情報提供………………………………110
主債務の履行状況に関する情報提供

…………………………………… 110, 112
使用及び収益をすることができなく
　　なった場合 …………………………… 85
承諾 ……………………………………… 12
譲渡制限特約 ………………………… 234
消費者 …………………………………… 75
消費者契約 …………………………… 94
消費者契約法 …………………… 75, 94, 198
消滅時効 ………………………… 153, 208
　　賃料債権の―― …………………… 154
将来効 ………………………………… 191
将来の賃料債権の譲渡 ……………… 238
除斥期間 ……………………………… 210
信頼関係破壊の法理 ………………… 188
制限行為能力者 ……………………… 15
絶対効 ………………………………… 53
全部滅失 ……………………………… 252
相殺 …………………………………… 147
相殺充当 ………………………… 148, 255
相殺制限特約 ………………………… 147
相対効 ………………………………… 53
相当因果関係 ………………………… 205
相当の期間 …………………………… 103
損害の拡大 …………………………… 204
損害賠償額の予定 …………………… 204
損害賠償の範囲 ……………………… 201
損傷 …………………………………… 196
存続期間 …………………………… 97, 98

◆　た行

代理 …………………………………… 25
代理権の濫用 ………………………… 28
対話者 ………………………………… 12
短期賃貸借 …………………………… 21
遅延損害金 …………………………… 153
中途解約 ……………………………… 206
賃借権の無断譲渡または無断転貸
　　……………………………………… 186
賃借人の自殺と保証 ………………… 125

賃借人の死亡と保証 ………………… 121
賃借物の一部滅失 ………… 80, 84, 151
賃借物の全部滅失 …………………… 192
賃貸借契約 …………………………… 95
　　――の解除 …………………… 84, 191
　　――の改定・更新 ………………… 136
　　――の更新 ………………………… 138
　　――の締結 ………………………… 12
賃貸人たる地位の移転 ……………… 157
賃貸人たる地位の留保 ………… 219, 221
賃料増減額請求 ……………………… 151
賃料の減額 …………………………… 80
賃料の不払い ………………………… 186
通常損害 ……………………………… 205
通常損耗 ………………………… 95, 196, 197
定型取引 ……………………………… 62
定型取引合意 ………………………… 65
定型約款 ……………………………… 61
　　――の内容の表示 …………… 67, 73
　　――の変更 ……………………… 68, 73
　　――のみなし合意 ………………… 65
　　――への該当性 …………………… 71
テナント承諾 …………………… 224, 227
到達主義 ……………………………… 13
特別損害 ……………………………… 201

◆　な行

内容決定の自由 ……………………… 20
任意規定と異なる特約 ……………… 75
農地法 …………………………… 97, 151

◆　は行

発信主義 ……………………………… 13
不意打ち条項 ………………………… 67
不可分債権 …………………………… 57
不可分債務 …………………………… 59
付従性 ………………………………… 136
不動産の流動化 …………… 214, 224, 227
不当条項 ……………………………… 67

妨害停止等請求権……………………178
方式の自由………………………………19
法人保証……………… 36, 47, 48, 124, 127
法定充当………………………………149
法定利率………………………… 153, 208
保証金……………………………………92
保証契約の取消し………………………45
保証債務
　──の随伴性……………………144
　──の付従性………………………32
　──の履行請求…………………140
保証人に対する情報提供義務…………31
保証人の死亡と保証…………………121

◆ ま行

マスターレッシー………… 214, 224, 227

滅失………………………………………81
申込み……………………………………12

◆ や行

用法違反………………………… 186, 208
用法遵守義務…………………………194
予見……………………………………201
予定賠償額の減額……………………206

◆ ら行

利益相反行為……………………………27
礼金………………………………… 92, 94
連帯債権…………………………………59
連帯債務…………………………………52
連帯保証…………………………………37

●編者・編著者・著者紹介●

[編者]
シティユーワ法律事務所
　シティユーワ法律事務所は、2003年2月に設立され、2018年3月時点で約140名の弁護士が所属している大規模な法律事務所です。当事務所は、不動産取引の分野で有数の経験と実績を有しています。また、所属弁護士の多様な専門性と豊富な経験を背景に、各種の企業法務、金融取引、M＆A、不動産、企業再編・倒産処理、知的財産権、労働法、コンプライアンス、独占禁止法、通商法、訴訟・ADR、国際仲裁、再生可能エネルギー法務、ベンチャー支援法務、経済犯罪など、企業活動に求められるほぼすべての分野にわたる法律業務を、日本内外の多種多様な産業のクライアントの皆様に対して提供しています。

　〒100-0005　東京都千代田区丸の内2-2-2　丸の内三井ビル
　電話番号：03-6212-5500（代表）　FAX番号：03-6212-5700（代表）
　E-mail：cy-info@city-yuwa.com
　http://www.city-yuwa.com

[編著者]
澤野 正明（さわの　まさあき）
　1978年早稲田大学法学部卒業、1985年弁護士登録。
　1992年コロンビア大学 LL.M. 修了。

井手 慶祐（いで　けいすけ）
　1987年中央大学法学部卒業、1990年弁護士登録。

滝井 乾（たきい　けん）
　1992年東京大学法学部卒業、1994年弁護士登録。
　1999年デューク大学 LL.M. 修了、2001年米国ニューヨーク州弁護士登録。

朝田 規与至（あさだ　きよし）
　1998年東京大学法学部卒業、2000年弁護士登録。
　2007年コロンビア大学 LL.M. 修了、2008年米国ニューヨーク州弁護士登録。

丸山 裕一（まるやま　ゆういち）
　1999年早稲田大学法学部卒業、2000年弁護士登録。

田中 秀幸（たなか　ひでゆき）
　1998年東京大学法学部卒業、2001年弁護士登録。

[著者]

近藤 祐史（こんどう　ゆうじ）
　2004 年東京大学法学部卒業、2005 年弁護士登録。
　2012 年デューク大学 LL.M. 修了。

佐々木 裕企範（ささき　ゆきのり）
　2003 年東京大学法学部卒業、2005 年弁護士登録。
　2012 年デューク大学 LL.M. 修了、2013 年米国ニューヨーク州弁護士登録。

木下 愛矢（きのした　あや）
　2004 年慶應義塾大学法学部卒業、2006 年慶應義塾大学法科大学院修了、2007 年弁護士登録。

酒井 夕夏（さかい　ゆうか）
　2004 年名古屋大学法学部卒業、2008 年弁護士登録。

小林 優嗣（こばやし　まさつぐ）
　2008 年京都大学法学部卒業、2010 年京都大学法科大学院修了、2011 年弁護士登録。

保川 明（やすかわ　あきら）
　2012 年東京大学法学部卒業、2013 年弁護士登録。

岡 佳典（おか　よしふみ）
　2011 年慶應義塾大学法学部卒業、2013 年慶應義塾大学法科大学院修了、2014 年弁護士登録。

渡邉 真澄（わたなべ　ますみ）
　2012 年東京大学法学部卒業、2014 年弁護士登録。

坂本 涼（さかもと　りょう）
　2012 年東京大学法学部卒業、2014 年東京大学法科大学院修了、2015 年弁護士登録。

**債権法改正対応
不動産賃貸借契約の実務 Q&A**

2018年5月15日　初版第1刷発行

編　　者　シティユーワ法律事務所

発行者　塚　原　秀　夫

発行所　株式会社　商　事　法　務
〒103-0025 東京都中央区日本橋茅場町3-9-10
TEL 03-5614-5643・FAX 03-3664-8844〔営業部〕
TEL 03-5614-5649〔書籍出版部〕
http://www.shojihomu.co.jp/

落丁・乱丁本はお取り替えいたします。
Ⓒ 2018 シティユーワ法律事務所
Shojihomu Co., Ltd.
ISBN978-4-7857-2626-3
＊定価はカバーに表示してあります。

印刷／三報社印刷㈱
Printed in Japan

JCOPY ＜出版者著作権管理機構　委託出版物＞
本書の無断複製は著作権法上での例外を除き禁じられています。
複製される場合は、そのつど事前に、出版者著作権管理機構
（電話 03-3513-6969、FAX 03-3513-6979、e-mail：info@jcopy.or.jp）
の許諾を得てください。